JN300261

持続可能な発展と
イノベーション

企業と社会フォーラム 編

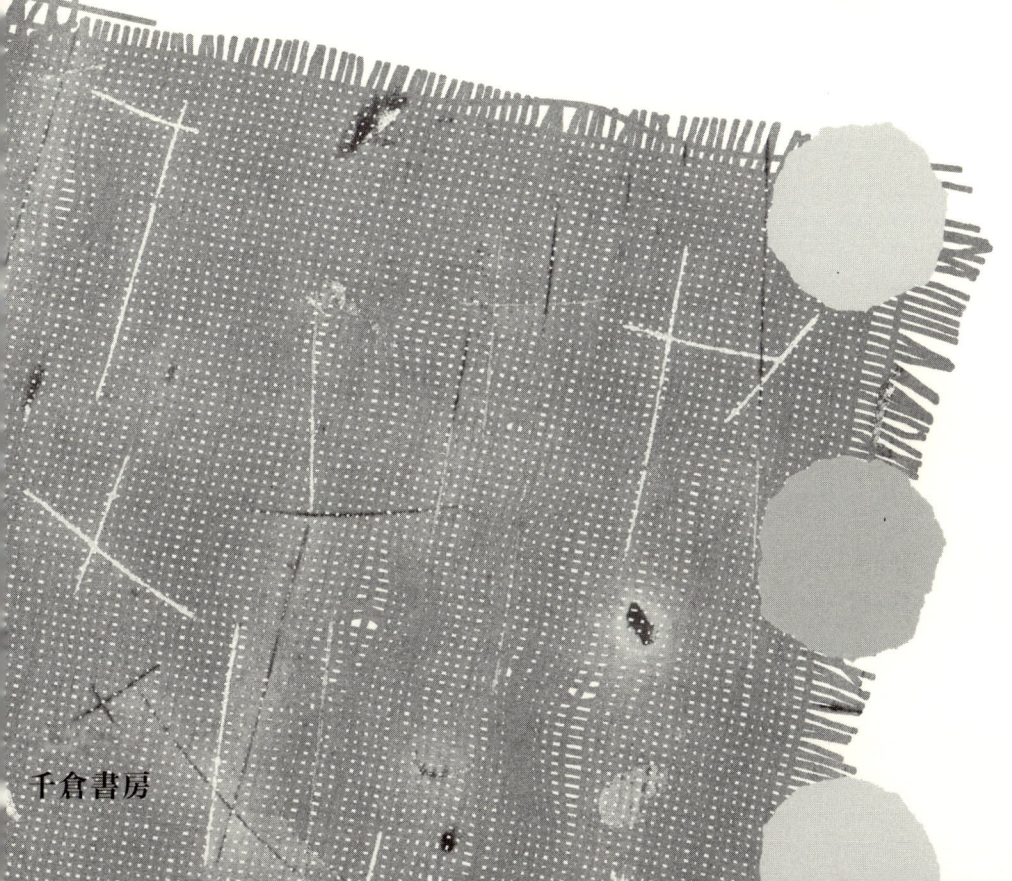

千倉書房

は じ め に

　本書は，社会の持続可能な発展を推進していくために，これまでにない発想で経済的，社会的，環境的課題に取り組むイノベーションが求められていることに焦点を当て，企業のみならず，様々なステイクホルダーの立場から，理論的，実践的に考察していくことを目的としている。

　近年，サステナビリティ促進のため，ビジネスがイノベーティブな取り組みを創出し，新しい可能性を広げていくことが期待されている。そこでは新技術・新素材などの開発にかかわる科学技術のイノベーションや新製品・製造プロセスのイノベーションのみならず，新しい社会システムや制度の構築，再編成にかかわるイノベーション（ソーシャル・イノベーション）や，新しいビジネスの仕組みの創発ということも含まれる。イノベーションという概念が広がっていると言える。

　本書は「持続可能な発展とイノベーション」を統一テーマとして，次のような構成で考えていく。

　第Ⅰ部「イノベーションの考え方」では，まず谷本論文が，持続可能な発展に取り組むイノベーションの捉え方，本書の位置づけについて概観する。Chauvel論文では，サステナビリティを維持するビジネスを構築していくには多様な視点が必要であること，イノベーションは知識集約的なプロセスであり，人的，社会的，組織的なメカニズムによって形成される社会的現象であることを指摘している。

　第Ⅱ部「持続可能な発展をもたらすイノベーション」では，大企業がローカルあるいはグローバル・コミュニティにおける環境・社会問題に対して，そのビジネスを通して取り組んで行く可能性について考える。岡田論文は，持続可能な発展に大企業が生み出すイノベーションの役割について，これまでの議論を踏まえ位置づける。それに続いて，NECとユニリーバから現在の取り組み事例に関して，それぞれ報告がなされる。

第Ⅲ部「日本の企業社会とイノベーション」では，とくに日本の企業社会において，その持続可能性を高めていくためにはどのような取り組みが求められるか，各ステイクホルダーからの視点から考えていく。まず金井論文では，これまでの日本の閉じた企業社会の行き詰まりを確認し，多様なステイクホルダーがオープンに社会的課題を捉え，取り組んで行くことが重要であることを指摘する。それに続き，企業からは大成建設の取り組み，政府からは経済産業省の考え方，労働セクターからは日本労働組合総連合会からの視点，NPOセクターからは北海道グリーンファンドの取り組み，最後に消費者の立場から，それぞれの考え方が紹介され，その課題と可能性について考える。

　第Ⅳ部では，JFBSの第1回助成研究課題対象となった「消費を通じた社会的課題解決」に関する大平・園部・スタニロフスキーの研究成果を掲載している。消費を通じて社会的課題の解決を図る日本におけるソーシャル・コンシューマーの特徴について，デモグラフィックス，またサイコグラフィックスの面から検討している。

　第Ⅴ部の3つの論文は，昨年本テーマに関連する論文を募り，JFBSによる査読（double-blind processによるレビュー）を経て掲載されることになったものである。在間論文は，環境ビジネス・イノベーションに取り組む中小企業の特徴とその支援制度について，調査を踏まえて議論している。所論文は，太陽電池やリチウムイオン電池の市場で，今後日本企業が競争優位を獲得できるかどうかについて，調査を踏まえ検討している。岡田論文は，途上国におけるBOPビジネスの経済的成果と社会的成果をいかに統合し評価していくか，その新たな手法について検討している。いずれも，ローカルあるいはグローバルな社会的・環境的課題にビジネスがイノベーティブに取り組んでいる現状と課題について，考察を加えている。

　本書は，2012年9月に開催された企業と社会フォーラム（JFBS）第2回大会での議論を踏まえ，その後の研究や調査の成果を取りまとめた論文より構成されている。本書の出版に際しては，昨年に引き続き，千倉書房，同編集部長関口聡氏にはお世話になった。記して感謝の意を表したい。

JFBS では2013年9月に第3回大会を兼ねて,「CSR とコーポレートガバナンス」をテーマに,国際会議を開催する。JFBS が,日本の研究者・実務家と海外の人々とが議論し,交流するアカデミックなプラットフォームになることを期待している。

　　2013年4月2日「企業と社会フォーラム」を代表して

　　　　　　　　　　　　　　　　　　　　　　　　谷　本　寛　治

目　次

はじめに

I　イノベーションの考え方 …………………………………………1
- ◆ 序論：持続可能な発展とイノベーション（谷本寛治）……………3
- ◆ Towards a Sustainable Approach for Innovation ………15
  in the Knowledge Economy and Society (Danièle Chauvel)

II　持続可能な発展をもたらすイノベーション …………37
- ◆ 持続可能な発展における先進国企業によるイノベーションの
  役割について（岡田正大）………………………………………39
- ◆ NEC：持続的成長のための知恵集約社会（広崎膨太郎）………55
- ◆ ユニリーバ：新しいビジネス・モデルの構築を目指して ………63
  （レイ・ブレムナー；伊藤征慶訳）

III　日本の企業社会とイノベーション ……………………73
- ◆ 日本の企業社会とイノベーション：総論（金井一頼）…………75
- ◆ 企業の取り組み：大成建設（嶋村和行）………………………81
- ◆ 政府の取り組み：経済産業省（西山圭太）……………………87
- ◆ 労働セクターの取り組み：日本労働組合総連合会（仁平 章）………95
- ◆ NPOセクターの取り組み：北海道グリーンファンド（鈴木 亨）……101
- ◆ 消費者セクターの取り組み（古谷由紀子）……………………107

IV　特別論文 ………………………………………………………113
- ◆ 消費を通じた社会的課題解決 ………………………………115
  （大平修司，薗部靖史，スミレ・スタニスロスキー）

V 投稿論文（査読付）……………………………………143

◆ 中小企業の環境ビジネス・イノベーション（在間敬子）………145
　　―成功する企業特性と情報支援の効果―

◆ 低炭素イノベーションの進行と日本企業の ……………………166
　新たな競争優位の可能性（所 伸之）
　　―「関係性」ベース戦略の構築―

◆ 包括的ビジネス・BOPビジネス研究における ………………183
　社会経済的成果の統合的評価の重要性とその方法について（岡田正大）

I イノベーションの考え方

◆序論:持続可能な発展とイノベーション(谷本寛治)
◆**Towards a Sustainable Approach for Innovation in the Knowledge Economy and Society**(Danièle Chauvel)

序論：持続可能な発展とイノベーション

谷本寛治　早稲田大学商学学術院商学部教授

1. 開　題

　経済，環境，社会が持続可能に発展にしていくには，これまでにない発想，イノベーションが不可欠である。この3つが同時に進化していかなければ，発展はあり得ないし，サステナブルとは言えない。イノベーションという場合，これまでのように新技術・新素材などの開発にかかわる科学技術，技術経営上のテーマのみならず，新しい仕組みや制度の構築／再編成にかかわるイノベーション（ソーシャル・イノベーション）も重要な課題となっている。つまりモノづくりにかかわる新技術にとどまらず，金融，ICT，地域づくり，健康，福祉など広い領域で新しい仕組みが生み出されている。近年イノベーションという概念自体が進化していると言うことができる。

　こういったイノベーションにかかわる議論は，政府による支援・振興政策から，産業レベルにおけるダイナミックな発展，企業間競争，経済的・社会的成果の測定，そして組織における新製品開発戦略，企業内集団のマネジメント，さらに個人レベルにおける役割・創造性の分析など，多様なレベルで，また多様な学問的アプローチからなされている（軽部・武石・青島，2007など）。さらに企業と企業のみならず，企業やNPO/NGOなど異なる組織間のコラボレーションに関する議論を含め，その領域は広がっている。またイノベーションの創出にあたっては，クローズドからオープン化，ローカルからグローバル化，そしてヒエラルキーからフラット化と変化している。社会的課題に関しては，コミュニティ，ステイクホルダーとの関係性が，より重要な課題となってくる。

　本書では，社会の持続可能性にかかわる諸問題について，企業がどのようにイノベーティブに対応できるのか，ということに焦点が当てられる。社会の中

に存在する企業は，そのビジネスを持続可能な（経済，環境，社会を搾取しない，次世代の能力や可能性を低下させない）方法で行うことが求められている。さらにグローバル/ローカルにおける環境問題や社会問題をビジネスによって解決していくために，新技術や新しいビジネスの仕組みをいかに開発していくかが課題となっている（谷本，2013）。

そういったビジネスのイノベーティブなプロセスが持続可能に行われていくことも重要である。第2章でChauvel教授が指摘するように，イノベーションは知識集約的で，持続可能なプロセスとして理解することができる。企業にとっては，サステナビリティを促進させ，継続的に競争優位を得るためにはイノベーションが不可欠であり，そのためには次の5つの社会的メカニズムが重要であると指摘する。1．つなげること，2．知識の多様性，3．協働，4．集団的創造性，5．創造的で協働的なリーダーシップ。

サステナビリティの課題とイノベーションを結びつけて考えていくには，企業のみならず，様々なステイクホルダーの知識と経験が必要である。Jorna (2006) が言うようなSustainable Innovationを推進していくためには，組織内のみならず，組織外のステイクホルダーとの関係にまで広げて見ていく必要がある。

企業が社会的課題に取り組むという場合，事業として取り組む，あるいは社会貢献活動として取り組むというスタイルが見られる。しかし近年では，単純にチャリティー活動と収益事業の区別がつきにくいものが増えており，図1のように，それぞれの活動の組み合わせや，重なり合う中間領域のような取り組みも数多く見られるようになっている（谷本，2006）。社会貢献活動についても，ただ寄付をするだけではなく，資源をどこから確保しどのように配分するか，またそれぞれのプロセスにおいてステイクホルダーをまき込みながら取り組んでいく仕組みをどのように考えるか，またその成果をどのように測定するか，それぞれのプロセスにおいてイノベーションが求められる。

企業がその限られた資源の中で，社会的課題の解決に向け様々な取り組みを行い，社会的成果を達成するためには，戦略的思考やこれまでにない新しい発

図1 社会的課題への取り組み

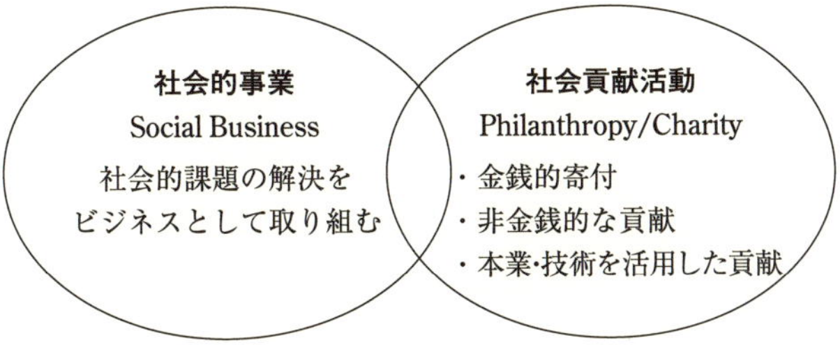

```
   社会的事業          社会貢献活動
 Social Business    Philanthropy/Charity
 社会的課題の解決を    ・金銭的寄付
 ビジネスとして取り組む  ・非金銭的な貢献
                    ・本業・技術を活用した貢献
```

想からイノベーションを創出していくことが必要である。社会的に良いことであれば，何でもどのようにでも取り組めば良い，というものではない。企業が取り組む場合，株主を含め主要なステイクホルダーから正統性を得ることが必要であり，なぜこの会社が，どのように，どのような成果を求めて活動を行うのか，という問いが必要である。さらに事業としては，そのイノベーションが社会的成果と同時に経済的成果をもたらすことが求められる。つまりグリーン・イノベーションやソーシャル・イノベーションによってどのような社会的・環境的成果が生み出されるかということと同時に，それら新しい取り組みが経済的成果を生み出し，企業の競争力につなげていくことができるか，ということが重要なテーマとして問われる。

企業がCSR，ソーシャル・ビジネスに取り組むことに懐疑的な意見もあった。基本的に企業の行動原理は私的利潤の追求であり，社会的な取り組みには向かない，また消費者や投資家もまた同様に経済的成果の最大化を求めて行動するので，社会的なものを求められているわけではない，という伝統的な理解である（典型的にはFriedman, 1962）。しかしながら，近年こういった古典的な企業観，市場観が変わっている。CSRを求める市場社会における大きな潮流を理解することが必要であり，そこでは各プレイヤーの行動原理も変化しつつある（谷本，2006）。

グリーン/ソーシャル・イノベーションとは，単に新しい環境技術や製品・サービスを生み出すことだけを意味するのではない。そのベースに，経済・環

境・社会のトリプルボトムラインを行動原理に置く企業モデルを構築していくこと，そしてそういった企業の新しい役割・責任を理解し評価する消費者や投資家が行動する市場モデルを構築していくことが肝要である。こういった企業とステイクホルダーとの相互関係を通して，持続可能な社会をつくっていくことこそが，重要なポイントなのである（谷本，2013）。

　持続可能な社会づくりを求める潮流を理解し取り組んでいくには，そもそも現在われわれが直面している社会的課題（環境保全，高齢者・障害者雇用，青少年・生涯教育，ホームレス，貧困，地域再開発など）を，誰が，どのように担うのか，という問いかけが必要である。政府セクターが公共政策によってこれらの課題に取り組むことの重要性は変わらないが，ただ従来のような大きな政府による公共サービスの提供というスタイルには限界があり，市場，社会の動きを支援したり，協働する，新しい政府の役割が模索されている。さらにそういった公共政策の決め方，実施については，マルチ・ステイクホルダーによる議論がなされている（谷本，2012）。政府セクターの限界から，社会的課題を市民が担うボランティアセクターの役割が求められるようになってきたが，その可能性を理解すると同時に，伝統的なNPOの限界も理解する必要がある。慈善型NPOには，社会的に排除された人々に雇用を与える事業を興したり，社会的商品・サービスを継続的に提供していくことは難しい。そこで近年注目を集めるようになってきているのが，ビジネススキームを組み込んだ新しい取り組みである。社会的課題の解決自体をミッションとし，ビジネスとして取り組む新しい事業体＝社会的企業（株式会社/NPO/中間組織）であり，それを担うソーシャル・アントレプレナーの台頭である。さらに社会的課題に対して，既存の大企業や中小企業が，その技術，経験，ネットワークなどの資源を生かした新しいビジネスの可能性もCSRの延長上で模索されている。また途上国におけるBOP（ボトム・オブ・ピラミッド）層を対象とするビジネスの可能性も広がっている。そのビジネスにおいては，先進国の市場とは異なる発想から新しいイノベーションが求められている（Prahalad, 2005）。また中国やインドなど新興国向けに開発した商品や仕組みが，先進国に逆輸入される動きも（リバー

ス・イノベーション）見られる（Govindarajan and Trimble, 2012）。

　このように社会的課題の解決にビジネスとして取り組み，新しい市場を創り出す。市場で競争が生まれることによって，イノベーションを生んでいくドライブがかかっていく。もっとも，全ての社会的課題がビジネスで解決できるわけではないことにも注意が必要である。市場性が全くない領域は，ビジネスでは対応できない。政府やボランティアセクターでなければできないことはたくさんある。その上で，ビジネスだからこそできるイノベーティブな取り組み，さらに企業セクターと政府，ボランティアセクターが協働し社会的課題に取り組むというスタイルも注目されるようになっている。重要なことは，企業のこういった活動に支持が集まることで，これまでにない新しい市場を創っていくことである。ソーシャル・ビジネスやソーシャル・プロダクツを求め，評価する市場の成熟である。広い意味でのグリーン・エコノミーにおいては，消費者や投資家が積極的にソーシャル・プロダクツを購入したり，社会的に責任ある企業に投資するという市場行動が必要であり，その相互作用によって新しい市場が成り立ち，育っていくのである（谷本，2013）。

2．持続可能な発展にかかわる課題

2-1．サステナビリティの課題

　1992年リオで開催された「環境サミット」において，先進国および途上国における地球環境問題について議論されたが，それは経済活動および人々のライフスタイルの問題と切り離して存在しないことが理解された。2002年 Rio＋10となったヨハネスブルグでの「持続可能な発展に関する世界サミット」では，環境のみならず，社会・経済を含めてトータルな意味での持続可能性が問われている。そこでは経済成長と公平性，天然資源と環境の保全，社会開発が3つの柱となり，仕事，食糧，教育，エネルギー，健康管理，水，衛生，文化的・社会的多様性，労働者の権利の尊重といったテーマが取り上げられた。そして2012年 Rio＋20となった「持続可能な発展に関する世界サミット」では，グリ

ーン・エコノミーと持続可能な発展に関する制度的枠組について検討された。「われわれは，経済，社会，環境の観点を統合して，あらゆるレベルで持続可能な発展を進めていく必要がある」（UNCSD2012）とされたが，具体的な枠組づくりについては今後の課題となっている。

1990年リオで示された行動計画「アジェンダ21」を受けて，EUではその後積極的に持続可能な発展への戦略の策定に取りかかり，2001年にEU Sustainable Development Strategy（EUSDS）を示している。そこでは経済的発展，社会的平等，環境保護の3つの柱を立て，持続可能な発展のための戦略を，経済・社会・環境のプログラムの中に組み込んでいる。そこでは次の7つの共通課題が示されている。1．気象変動とクリーンエネルギー，2．持続的可能な交通，3．持続可能な消費と生産，4．自然資源の保存と管理，5．健康，6．社会的統合，7．貧困。

個別課題は，国（地域）によって異なるものもあるが，基本的に経済，社会，環境の領域はそれぞれ重なりながら存在し，トータルな視点からイノベーティブな取り組みが求められる。社会的・環境的課題に取り組みながら経済を促進させることは容易なことではなく，これらを合致させるには，新しいアイディア，イノベーションが必要である。Rio＋20の会議中，国連グローバルコンパクトがリードして，「企業サステナビリティ・フォーラム」が開催された。そこでは広い意味でグリーン・エコノミーに取り組む企業の様々な事例が報告され，持続可能な発展を促進するイノベーションを拡大していくことが今後重要であるとの認識を強めた。

2-2．グローバルなCEOの理解

マッキンゼーが行ったサステナビリティへの取り組みに関するCEOへのアンケート調査 McKinsey Global Survey（2010）によると，企業がサステナビリティにかかわる事業に取り組むことは，長期的に株主価値の創造につながると理解するCEOは多く，76％に達している。一方，短期的にも株主価値につながると理解するCEOも50％いることは注目すべきである。そしてサステナ

ビリティへの取り組みの目的については,これまで評判(reputation)を高めるためが第1位にあったが,より実務的な方向への変化が見られる。2010年には「評価」が36%であったが,2011年には32%と2番目の目的となっている。それに代わって,「作業効率を上げコストを下げる」が2010年には14%であったが,2011年には33%と急増し第1位となっている。同レポートは,「多くの会社は,評判を上げるためにということを超えて,ビジネスにサステナビリティの原則を積極的に組み込み,例えばエネルギーの節約,グリーン製品の開発,従業員満足の向上など,会社の成長を通して価値や資本収益を得るようにし,新しい市場機会や製品開発に取り組んでいる。」と指摘している。新しい製品を開発し,新しい市場を切り開いていくためには,イノベーションが必要である。グリーン/ソーシャル・イノベーションがどのように創出されるか,その経済的・社会的成果はどのように理解できるのか,さらにイノベーションがどのように普及し社会変革につながっていくのか。こういった点が,次の重要なテーマとなる。

3. イノベーションとは

　ところでイノベーションとは,一般に,何か新しいものを初めて生み出すこと,また今あるものを新しいものに変えることである。経済活動におけるイノベーションは,経済的成果をもたらす革新であるが,ソーシャル・イノベーションにおいては,社会的課題の解決を通して,社会的成果とともに経済的成果をもたらす革新である。ソーシャル・イノベーションを生み出すためには,持続可能な経済的,環境的,社会的繁栄をめざした新しいビジネスモデルや市場メカニズムを導入することが必要である(INSEADソーシャル・イノベーション・センター http://www.insead.edu/facultyresearch/centres/isic/)。Drucker (1985)は,「企業家は何か新しいもの,異なるものを創造する。また価値観を変える」と言う。とくに社会的課題については,企業家は社会の動向を受け止め,新しい取り組みを提示し,イノベーションにかかわるステイクホルダーが

そのメッセージを受け止め，社会的価値が広がっていく，という社会変革の局面が重要である。

　次にグリーン/ソーシャル・イノベーションを生み出すプロセスにおいて，誰が，どこで，どのように創出するのか。そして必要な資源はどのように獲得するのかという課題について考えておこう。

　イノベーションの創出プロセスにおいて重要なのは，新しい知識をどのように生み出していくのかということと，イノベーションのために必要な資源をどのように獲得していくのかということの，2つの局面である（武石他，2012）。まずこれまでのイノベーション研究において，イノベーションの発生は一般に，組織内部（R&D部，事業部，プロジェクトチームなど）においてクローズドになされるという議論から，イノベーションの発生はオープンになされる，組織外部のアイディアも活用するというオープン・イノベーションの議論が重要になっている（Chesbrough, 2006）。これまでの議論は，主に生産者とユーザー間の関係にスポットが当てられ，例えばvon Hippel（2005）は，様々な領域において製品やサービスの作り手であるメーカーではなく，受け手であるユーザー自身がイノベーションを起こす能力と環境が向上していると指摘している。またPrahalad, et al.（2004）は，消費者と企業がともに価値を創り出すプロセスを重視している。インターネットの普及によって消費者が情報を得て，地理的・社会的境界を超えて消費者コミュニティを形成し，価値創造にかかわれるようになってきたこと，企業との共創経験を持続的に進化させていく局面を注目している。さらに社会的な課題になると，生産者とユーザーのみならず，地域における様々なステイクホルダーが重要な役割を果しており，オープンで多様なプロセスの中でイノベーションが創出され，広がっていく。一般企業，NPO/NGO，政府，社会的企業，専門家など，関係するステイクホルダーとのコラボレーション関係の中で生み出されている（Tanimoto, 2012）

　先にみたように，Jorna（2006）は，知識をベースとするイノベーションは，Sustainable Innovationであると捉える。伝統的なイノベーションの議論は，技術や製品，製造プロセスに関心が当てられてきたが，新しいサービス，組織

形態，働き方にかかわるイノベーションも重要であるとの認識が高まっている，と指摘する。イノベーションは知識と結びついており，新しい知識を生み出し，広げていく人と結びついている。またイノベーションは個人1人が生み出すことはまれであり，ともに働く様々な人（チーム）の組織内・外における協力が大切である。ここで重要なポイントは，とくにイノベーションは社会的な営みであり，持続可能なものであること，そしてそれはそこにかかわる様々な人との協力のもと，成し遂げられることにある。それはTanimoto (2012) が，ソーシャル・イノベーションは1人のカリスマによって創出されるのではなく，様々なステイクホルダーとの協働関係によって創出される，と指摘することと重なる。イノベーションの創出にかかわる様々なステイクホルダーが存在し相互にかかわり合っている場を，「ソーシャル・イノベーション・クラスター」と呼ぶことができる (Tanimoto and Doi, 2007)。

次に，イノベーションの創出にかかわる資源を企業はどのように獲得していくのか，について考えておこう。企業は資源をもつステイクホルダーから，イノベーション創出のための資源を獲得していく必要がある。どれほど重要な社会的ミッションをもっていても，どんなユニークなアイディアであっても，資源が獲得できなければ，イノベーションを生み出すことも，事業化もできない。そのために企業はステイクホルダーに事業の経済的，社会的成果への見通しを示し，ステイクホルダーはそのことへの期待から資源を提供していくことになる。しかしその成果については不確実である。つまり不確実性の中で，資源を提供することが経済合理的であると判断させる必要がある。これはSuchman (1995) が言う，企業がステイクホルダーから資源提供の正統性を獲得することを意味する。正統性を獲得するためには，Suchman (1995) は，積極的なアプローチとして，(1)相手に合わせる (Conformation)，(2)相手を説き伏せる (Manipulation)，(3)相手を選ぶ・見つける (Selection)，の3つの戦略があると指摘する。ステイクホルダーと，イノベーションのもつ目的や期待される結果についてコミュニケーションを行い，理解を得る。ステイクホルダー側から見ると，企業の事業目的，あるいはその製品・サービスを積極的に支持（受容）

し，資源を提供しようとすることである。とくにソーシャル・イノベーションが生み出されるプロセスにおいては，ステイクホルダーは単なる資源提供者であるだけではなく，ともにイノベーションの創出のプロセスにかかわったり，製品やサービスを利用することを通して，市場におけるリード・ユーザーあるいはイノベーターとして機能することによって，その行動や価値が変化したり，その社会的ミッションを広める役割を担う場合が見られる。このことはソーシャル・イノベーションが普及するプロセスにもつながる。企業側からは，持続可能な発展に向けた新しい事業のミッションや，新しい製品・サービスのもつ意味をいかにステイクホルダーに伝えるかがポイントになる。意図的にユニークな主体やネットワークを見つけ，つなげていくこともあれば，意図せざる偶然の出会いがネットワークを広げることになったりする。ステイクホルダー側からは，企業からの働きかけを受動的に受け止め資源提供を行ったり，また企業が提供する製品・サービスに関心が高まったり，新しい事業や取り組みに共感したり，能動的にイノベーションのプロセスにかかわっていく，ということもある。

4．まとめ

　企業が持続可能な発展に貢献するという場合，2つの取り組みがある。(1) CSRをマネジメントプロセスに組み込み，ステイクホルダーにアカウンタビリティを明確にした事業を行っていくということ。(2)その上で環境，貧困などの社会的課題の解決に取り組むイノベーションを創出し新しい可能性を示していくことである（谷本，2013）。後者については，新しい製品・サービスの開発とその製造プロセスにおけるイノベーションということのみならず，新しいビジネス・スタイル，仕組みの開発ということも重要である。またイノベーションという場合，これまでにないイノベーション（primary innovation）を創発することだけを指すのではなく，それがある国（地域）から他の国（地域）に移植されるに当たって，異なる社会的コンテキストに合うような様々な工夫が

必要であり,それも1つのイノベーションである。Redlich (1951) の言う意味での派生的イノベーション（derivative innovation）も重要なのである。またローカルあるいはグローバルなコミュニティにおける社会的課題に取り組むに当たっては,一企業だけではなく,その課題にかかわる様々なステイクホルダーが協働することによって,イノベーションが創り出されていく。その活動の経済的成果,社会的成果を受け止め,積極的にかかわっていく。企業側からすると,その正統性がステイクホルダーから与えられ,資源を獲得していくことになる。企業とステイクホルダーの相互関係性は,資源の提供―獲得のみならず,ともにイノベーションを生み出すように協働していくプロセスであったり,イノベーションのもつ社会的意味・価値を理解し広げていくイノベーター,チェンジ・エージェント（Rogers, 1983）として機能することにもなる。

参考文献

Chesbrough, H. (2006) *Open Innovation*, Oxford University Press（長尾高弘訳『オープンイノベーション』英治出版,2008）。

Drucker, P. F. (1985) *Innovation and Entrepreneurship*, Harper & Row（上田惇生,佐々木実智男訳『イノベーションと企業家精神―実践と原理』ダイヤモンド社,1985）。

Friedman, M. (1962) *Capitalism and Freedom*, University of Chicago Press（熊谷尚夫,西山千明,白井孝昌訳『資本主義と自由』マグロウヒル出版,1975）。

Govindarajan, V. and Trimble, C. (2012) *Reverse Innovation : Create Far From Home, Win Everywhere*, Harvard Business Review Press（渡部典子訳『リバース・イノベーション』ダイヤモンド社,2012）。

Jorna, R. J. (2006) "Knowledge Creation for Sustainable Innovation", Jorna, R. J. (ed.), *Sustainable Innovation : the Organizational, Human and Knowledge Dimension*, Greenleaf.

軽部 大,武石 彰,青島矢一(2007)「資源動員の正当化プロセスとしてのイノベーション：その予備的考察」(IIR Working Paper WP #07-05)。

Prahalad, C. K. and Ramaswamy, V. (2004) *The Future of Competition : Co-Creating Unique Value with Customers*, Harvard Business School Press.

Prahalad, C. K. (2005) *The Fortune at the Bottom of the Pyramid: Eradicating Poverty through Profits*, Wharton School Publishing（スカイライト コンサルティング訳,『ネクスト・マーケット―「貧困層」を「顧客」に変える次世代ビジネス戦略』英治出版,2005）。

Redlich, F. (1951) "Innovation in Business: A Systematic Presentation", *American Journal of Economics and Sociology*, Vol. 10, Issue 3, pp. 285-291.

Rogers, E. M. (1983) *Diffusion of Innovation*, 3rd ed., The Free Press (青池愼一,宇野善康訳『イノベーションの普及学』産能大学出版部,1990)。

Soer, A. and Horvath, B. (2011) 'Sustainable Development and Coming to Terms with Complexity', UNDP, http://europeandcis.undp.org/blog/2011/12/22/sustainable-development-and-coming-to-terms-with-complexity/

Suchman, M. C. (1995) "Managing Legitimacy: Strategic and Institutional Approaches, *Academy of Management Review*, Vol. 20, No. 3, pp. 571-610.

武石 彰,青島矢一,軽部 大(2012)『イノベーションの理由:資源動員の創造的正当化』有斐閣。

谷本寛治(2006)『CSR―企業と社会を考える』NTT出版。

谷本寛治(2012)「序論:持続可能な発展とマルチ・ステイクホルダー」,企業と社会フォーラム編『持続可能な発展とマルチ・ステイクホルダー』千倉書房。

谷本寛治(2013)『責任ある競争力』NTT出版。

Tanimoto, K. (2012) "The Emergent Process of Social Innovation: Multi-Stakeholders Perspective", *International Journal of Innovation and Regional Development*, special issue: Innovative Entrepreneurship, Vol. 4, No. 3/4, pp. 267-280.

Tanimoto, K. and Doi, M. (2007) "Social Innovation Cluster in Action: A Case of San Francisco Bay Area", *Hitotsubashi Journal of Commerce and Management*, Vol. 41, No. 1.

UNCSED (2012) *The Future We Want*, (Outcome of the Conference), UN.

von Hippel, E. (2005) "Democratizing innovation: The evolving phenomenon of user innovation", *Journal für Betriebswirtschaft*, Vol. 55, Issue 1, pp 63-78.

von Hippel , E. (2005) *Democratizing Innovation*, MIT Press (サイコム・インターナショナル『民主化するイノベーションの時代』ファーストプレス,2006)。

Towards a Sustainable Approach for Innovation in the Knowledge Economy and Society

Danièle Chauvel
Research Professor Skema Business School, France

Innovation is *"about knowledge, with people as the carriers of this knowledge"* (Jorna, 2006 p. 4). Among many descriptions to be found in the teeming literature on the subject, this one may appear provocative ; however its credit lies in an attempt to seize the very essence of innovation in the Knowledge era. In other words this chapter deals particularly with the relationships between innovation, knowledge and people, with people as the central pivot.

Generally, the concept of innovation is understood as a way of organizing human activity around the development of something new with embedded added value. But the world is changing at an increasingly rapid rate and with it dynamics in the business environment. This accelerating pace of change is largely responsible for increasing awareness of the world's finite resources ; this in turn motivates the quest for sustainability, which has become the main concern of the business world today.

In a *new order* of this kind — characterized by complexity, uncertainty and turbulence – solutions to challenges require plenty of new and multi-faceted ideas, these being the source of progress. *Knowledge* has thus appeared as the mainspring of economic value, a resource capable of leading the world from the industrial to the post-industrial era (the *Knowledge Economy*) with perhaps the promise of a smarter, more sustainable, and more equitable planet. These challenges lead to the fact that *Innovation* has become more important than ever, but its basic nature and salient features, have profoundly changed.

This chapter reviews the interactions of these phenomena and their impact on the evolution of the notion of Innovation, leading to the belief that innovation is a social versus human phenomenon. It revisits the concept of innovation from the perspective of a knowledge-based theory of the firm, where innovative capabilities are strongly linked to intellectual assets and knowledge, and to the ability to deploy these to trigger innovation. The innovation process is viewed as the most knowledge-intensive business process, sustained by human / social / organizational mechanisms resulting from interactions between individuals, teams and organizations. This approach, centered on human and organizational values, focuses on the positive relationship between a broader conception of innovation and the quest for sustainability.

1. Definitions and contextual environment

This paper, in keeping with the objective of the volume as a whole, links the concept of innovation with the notion of sustainability, stressing the strong connection between these domains. An essential starting point is to sketch the contours of the field of investigation and specify perspectives and definitions which underlie this argument.

Through all civilizations, innovation has been regarded as a defining feature of human society, a source of advancement and development, of economic and societal prosperity (K. Wylie, 2009 ; Simpson, 2002). Academic and business literatures are prolific about this manifold concept, offering a multiplicity of models, theories and perspectives through a diversity of schools of thought. The main point is that innovation is recognized as a complex and chaotic process with multiple and various meanings couched in the term. Nonetheless, it is clear that all these meanings entail novelty and value creation. Today, innovation has become the focus of attention and the top priority of organizations that want to survive and remain competitive in the Knowledge economy (Kelley, 2001, Andrew, et al., 2009 ; Barsh, et al., 2007, etc ···). This new paradigm along with a manifest environmental change has profoundly altered the basic nature of the concept of innovation, its dimensions, tools and rules. The next section will point out the main changes before introducing a knowledge-based view of innovation.

Nowadays there is a growing interest in the notion of *sustainability*, which can be defined as the long term maintenance of responsibility for environmental, social and economic dimensions, according to the Brundtland Commission report of 1987. A different approach labels sustainability as "*mixing values of social equity, environmental responsibility and economic viability*" (Dimitrov, 2003). Another has been formulated around the concept of 3Ps : "*people, planet, profit*", (J. Elkington, in Jorna, 2006, p. ix). Sustainability exists when "*an appropriate balance has been achieved between the 3Ps*".

Our argument insists on the "long-term maintenance of responsibility": making innovation sustainable with a focus on human, social and management implications. We emphasize the sustainability of the *innovation act* and its outcomes, their potential long term durability, sense making and coherence with today's world as well as for the future. This means that the process of innovation is structured as a component of an organization's value chain. This therefore signifies "*that the business processes are structured and embedded in such a way that the organization or firm does not exploit the environment or the society in which it operates, but rather interacts with it on a mutually beneficial and ongoing basis, ··· preserving sustainability in both innovations and organizations (Jorna, 2006, p. 7).*

All these notions are molded by their environment that is turbulent and complex because the three forces — economic, environmental and social — co-evolve simultaneously: if they do not move together, there is no development (Horvath, Soer, 2011). This co-evolution results in multiple challenges, constraints and problems for which responses can only be found in multidisciplinary sources since there is no single core theory as reference; neither is there any real domain of expertise nor agreement; instead there is an open field into which each must explore according to his context (Dimitrov, 2003). Indeed the path of development for all situations and problems depends on the context, and this changes over time. What is successful in one situation is unlikely to be replicated elsewhere because the parameters have changed (Horvath and Soer, 2011). *So*, the hustle and bustle of world change results in a complex environment and shifting challenges.

Responding to complex challenges requires a multitude of diverse ideas contributed by many different actors. It is this multifaceted variety that is the source of progress (Vaitheeswaran, 2012). Indeed, dissent and diversity encourage the emergence of well-forged patterns and ideas (Snowden and Boone, 2007). It is important to think in terms of multi-domain, multi-actor and multi-level, adopting learning processes, creating shared perspectives and keeping a wide choice of options open (Vollenbroek).

In other words the current setting can be summed up by the following keywords: *idea, diversity, knowledge & innovation.*

Knowledge has appeared as the mainspring of economic wealth, a resource that can lead the world from the industrial to the post-industrial era, known as the Knowledge Economy (Bell, 1973; Spender, 1993; Drucker, 1993; Leonard-Barton, 1995; Nonaka and Takeuchi, 1995; Davenport and Prusak, 1998). Porter (1990) says: "*skilled human resources and knowledge resources are perhaps the two most important categories of factors for upgrading competitive advantage*".

Knowledge is the vehicle for innovation; however, at the same time it is the primary source of innovation and its outcome. "[Efforts] *to generate, organize and utilize knowledge to trigger innovation···. have led to an increased emphasis towards innovation as crucial in the development of firm's sustainable competitive advantages*" (J. Johannessen, 2011, p. 1396).

2. Evolution of the concept of innovation

Although innovation is the imperative in today's economy, its nature and attributes have been profoundly altered by the global transformations of the last decades. Table 1 presents a summary of the main changes affecting the concept of innovation from the industrial era to the knowledge era; this summary is based on a comparative analysis of several theories, models and perspectives of innovation (OECD, 2009).

The Knowledge era has brought about a new type of innovation with a new balance among innovation driven by technology, competitiveness and users. Of these three drivers, the user is possibly the most important. Innovation is seen not as an episodic one-off phenomenon, but as an interactive, iterative and continuous process. From the traditional "firm centric view", we move to a more "personalized, co-created view" of innovation where the individual plays a central role. (Prahalad, 2009). The concept has broadened its horizons, transcending the boundaries of techno-scientific R&D, and embracing new socio-techni-

Table 1: evolution of the concept of innovation

	Industrial era	Knowledge era
Nature	Technology driven Episodic, intermittent	User driven Democratic and collaborative Interactive, iterative and continuous
View	Firm centric	personalized, co-created
Object	Development of new products & services	New products, services, processes, practices, business concepts, thinking and models ….
Drivers	Technology Competition Marketplace	Co-creation of value with customers User involvement Globally knowledge sourcing Global challenges Social responsibility Technology more as an enabler
Scope	Closed, R&D lab	Democratization and openness
Context	Stability of rules	Rules of the game are often changing
Model	Linear, strong emphasis on R&D activities, technological research	Interactive: social & technical process, an organization's capability to innovate closely tied to its intellectual capital & ability to utilize its knowledge resources

cal dimensions that include human, social and organizational factors : it applies to products and processes, but also to new services, business concepts, organizational processes, strategies, and management practices : *"There is now a greater recognition that novel ideas can transform any part of the value chain"* (Birkinshaw, et al., 2011, p. 43).

Co- creation, tapping into previously unrecognized knowledge from users, sourcing knowledge globally and responding to global challenges and concerns of social responsibility have become the main drivers of innovation, turning technology's role into that of enabler (OECD, 2009). In terms of scope, there is a call for democratization and openness while the rules of the game in the current context change frequently. Models of innovation have switched from being linear to becoming interactive, involving both social and technical processes based on the fact that an organization's capability to innovate is closely tied to its intellectual capital and ability to utilize its knowledge resource" (Subramaniam, 2005 ; Johannessen & Olsen, 2011).

All these important changes entail critical issues and imperative adjustments for corporate management. The need to innovate, deploying improved internal efficiency and responsive innovation strategies, is essential in an increasingly competitive marketplace. New or traditional organizations grasping leading positions are those that have been successful at innovating faster, with agility and dexterity to handle the deployment of relevant knowledge. Google, Amazon and Whirlpool are examples among many others (Desouza, et al., 2009). This advance has been achieved by taking advantage of the dynamics of knowledge and learning to grapple with the complexities of innovation (Simpson, 2003), exploiting the manifest link between innovativeness and knowledge assets (Subramanian, 2005 ; Grant, 1991 ; Quintane, et al., 2011)

3. Innovation as a knowledge intensive process

Indeed the recent literature vouches for the strong tie between knowledge and innovation. Already, theories like the resource based view of the firm point out the fundamental importance of intangible resources for innovation as source of competitive advantage, knowledge being the most central of these (Hall, 1993 ; Barney, 1991 ; Grant, 1991 ; Prahalad & Hamel, 1990 ; Galende, 2006).

According to Cohen and Levinthal (1990), innovative output is subject to previous knowledge which facilitates the integration and exploitation of new knowledge for innovation (Johannessen & Olsen, 2011). More recently, the knowledge based theory of the firm innovation has emerged in the literature as a useful framework for understanding the nature and sources of innovation (Martin de Castro, 2011 ; Grant, 1996). Quintane, et al. (2011) draw attention to the fact that the main purpose of this research stream is to explore the deployment of knowledge creation, the mechanisms and links between knowledge and innovation and the knowledge processes that lead to innovation. In this vein, it is argued that knowledge is the essence of the innovation process (e. g. Galunic and Rodan, 1998 ; Nonaka and Takeuchi, 1995), in contrast to the traditional literature which conceptualizes innovation with no reference to the underlying knowledge base.

But this field is also broad with multiple perspectives. Some authors have developed models of the knowledge based process of innovation, investigating for example knowledge attributes and the impact of knowledge creation on the innovation process (Tsai and Ghoshal, 1998); Nonaka and Takeuchi (1995) address the fundamental dynamics of the dual nature of knowledge.

The "*elusive character*" of knowledge (Despres and Chauvel, 1999) outlines different approaches with implications for the innovation process, examining whether knowledge is considered as an individual or a socially constructed phenomenon (Blackler, 1995 ; Glynn, 1996 ; Nahapiet and Ghoshal, 1998).

The literature also points out various views of the innovation process, and even of the conceptualization of innovation as a process or an outcome of this process (Gupta et al, 2007 ; Dosi, 1988 ; Obstfeld, 2005). Quintane, et al. (2005) go further, defining specific attributes of innovation to enable a distinction between knowledge creation and innovation that is the outcome of a new knowledge creation process. The particular links that bind innovation and knowledge are also addressed by some authors like Teece (2011) who argues that a firm's dynamic capabilities — *the sensing, seizing, and transformation that ongoing innovation requires - connect resources to performance through the creation of value* (p. 512). Grant (1996) insists on the integration of knowledge that is realized in routines and a hierarchy of capabilities which is essential to competitive advantage and thus to innovation.

In summary, innovation is seen as the most knowledge-intensive business process (Nonaka and Takeuchi, 1995), a process of creating new knowledge (Wiig, 1993), combining complementary forms of knowledge or as a manifestation of the firm's capability to exploit knowledge to create value (MacKinnon, et al., 2002 ; Snowden, 2003 ; Wang and Han, 2011).

However, a constant trend in this literature is to consider that innovation is tied to a process of knowledge exchange and recombination that leads to knowledge creation (Nonaka and Takeuchi, 1995 ; Galunic and Rodan, 1998 ; George, et al., 2008).

Whatever the perspectives adopted, this last statement implies that knowledge and innovation are processed in a social environment and a broad social system (Johannessen & Olsen, 2011). Even if a firm's critical resources are human-embodied and organization-embedded, their deployment is subject to the influence of and interactions with internal and external systems and social forces (Antonelli, 1996).

3-1. Social mechanisms as enablers

Our line of reasoning follows Johannessen and Olsen's assumption (2011, p. 1396) that is "social *mechanisms* [and determinants] *among individuals and organizations initiate and sustain processes related to innovation*".

Research through recent literature allows us to identify at least five important *social mechanisms* that trigger deployment of knowledge conducive to innovation : connectivity, knowledge diversity, collaboration, collective creativity and creative leadership.

Connectivity[1] is the most important prerequisite for innovation ; it is mainly about making connections i. e. establishing relationships with unexpected things, actors or contexts etc. Connectivity is the engine of innovation, the capacity to forge interactions inside and outside the firm, to unleash expertise, creativity and knowledge combinations. Learning derived from these connections and consequently combinations of various subjects, domains, people and organizations, underpins innovative activity (Mitra, 2000). Basadur and Gelade (2006) advocate the role of unlearning which consists of breaking old connections or habits and thus facilitating learning by making new connections for creative thinking. Internal connectivity may lead to the adoption of a shared thinking process for using knowledge innovatively and favors curiosity and openness.

Close to the notion of connectivity, knowledge diversity represents the spread of different knowledge streams within an organization (Corriera de Sousa, 2006). A great diversity of knowledge fuels a mixture of intuitive associations between different contexts and insights, creating a foundation for higher levels of creativity that are used to stimulate innovation (Corriera de Sousa, 2006 ; Quinn 1991). These varieties of knowledge, experience, and skills among employees, constitute the organization's knowledge base ; they stress complementarities that can foster development in other fields, enhancing the absorptive capacity to

---

(1) Connectivity is understood here in a broad meaning, including etymological aspect as well as current connotation with network or digital connectivity.

exploit external knowledge innovatively (Dosi, 1982; Cohen and Levinthal, 1990; Quintana-Garcia and Benavides-Velasco, 2008). Employee diversity should generally have a positive effect on innovation since diversity affects the way knowledge is generated and applied in the innovation process (Ostegaard, et al., 2011).

The concept of "collective mind" (Weick and Roberts, 1993), concerning the correlation of actions among members of organizational systems to achieve optimal results - may constitute a bridge between connectivity and collaboration.

Collaboration consists of operationalizing knowledge diversity in such a way as to create value. It facilitates the link between various types of knowledge, encourages dynamic synergies and co-creation. Knowledge is an infinite resource, says Tapscot (2013) and one achieves it only through collaboration. If collaboration increases the chances of associations of diverse knowledge, it speeds up the necessary iterations, liberates energy in teams, and helps knowledge and ideas reach implementation. Baldwin and von Hippel (2010, p. 7) underline the impact of collaboration arguing that innovative design itself is a non-rival good : each participant in a collaborative effort gets the value of the whole design, but incurs only a fraction of the design cost.

Innovative organizations should do more than diversify, manage and disseminate knowledge; they must use this knowledge creatively (Basadur and Gelade, 2006). Organizational or collective creativity is defined by Woodman (1993, p. 23) as *"the generation of a valuable new idea, process, thought, knowledge but also action and progress, by individuals working together in a social context"*; it is influenced by the group characteristics (diversity, existing knowledge and competences), and processes (approaches, participation in decision making) and by the contextual influences stemming from the organization, i.e. the organizational climate and the ability of the system to evolve (Amabile, 1996; Vicari, 1998; Burghini, 2005). The different perspectives studied by scholars emphasize the crucial role of organizational culture in inhibiting or on the contrary in unlocking creativity at the individual and organizational levels : this means being able to break down institutional routines to liberate freedom and freewheeling while still maintaining demanding performance standards; such a balancing act requires a culture of risk taking, flexibility, error acceptance and learning (Bower, 1965; Andriopoulos, 2001; Amabile, 2011). Collective creativity makes sense of the role of employees as actors who feel empowered and motivated to contribute to the corporate undertaking if the implementation or process conducive to innovation is then visible. Intrinsic task motivation along with sense making are recognized as being mediating factors in the creative process, which requires also for its completion creative and collaborative leadership (Amabile,

1983 ; Woodman, 1993 ; Andriopoulos, 2001 ; Klijn, 2009).

Support leadership is indeed a critical enabler that appears to have a positive and seminal influence on the creative process. According to a recent study by the IBM Institute[2] (2010), leaders should be creative and collaborative to confront the complexity of the business environment and harness the dynamic tensions of this context — that is to say, they must be able to drive the duality of creative disruption and operational efficiency at the same time. Such leaders are the cornerstone for innovation ; they must possess the capacities to lead teams in taking on uncertainty, progress and risk-taking and encouraging them to think beyond accepted wisdom, giving them a vision conducive to creativity and innovation (Andriopoulos, 2001 ; Amabile, 2011).

3-2. Innovation IBM JAM case study

The case of IBM's Innovation JAM that is taken from the author's research experience illustrates the above argument ; this case study explains how far the five social mechanisms described enable the innovation process.

Since its creation IBM has remained an industry leader despite the rapidity and nature of change in its various sectors of activity, and despite (or because of) occasional disruptions in the business models it has embraced. This history bespeaks an ability to adapt to changing environmental realities. In 2002, IBM developed a new way of engaging employees and concerned people in a meaningful discussion across the organizational structure. CEO Sam Palmisano declared that IBM's reincarnations have been founded on the idea that, "Social media offers effective tools to give voice to employees and give rise to a movement". This non-revolutionary idea was embodied in the form of the IBM JAM — an invented — here development that transformed the IBM organization and became a commercial proposition in the marketplace for IBM.

"Jam" is a company-wide activity using Web-based tools to act as a giant suggestion box, unleashing both top-down and bottom-up contributions on specific topics. It is a socio-technical methodology that facilitates an organization-wide brainstorming over three days. JAM is supported by a technology enabled platform to open a broad forum so that several thousand people can share creative knowledge on appropriate business themes.

The process includes 1) Jam Hosts and Jam Facilitators trained in enabling participants to build on each other's ideas ; 2) a "structured discussion" form rather than freeform ; 3) real-time text analysis and data mining to extract

---

(2) Capitalizing on complexity : Insights from the IBM 2010 Global CEO Study, IBM Institute

emerging trends which are immediately fed back into the Jam process to enrich thinking and discussion.

In 2006, around 150,000 people from 104 countries, including IBM employees, their families, business partners and clients were invited to explore emerging technologies that would benefit business and society in the future. They made 46,000 contributions. The result was a selection of 36 ideas from which 10 new ideas emerged and 10 new businesses were established. The budget of 100 M $ generated close to $700 Million in revenues by 2010, since part of the company's 2008 Smarter Planet initiative was rooted in these outcomes (Chauvel, et al., 2012).

Inviting several thousand participants from different horizons to take part in the JAM process meant stimulating connectivity inside and outside the firm's borders and encouraging transversal collaboration across organizational boundaries, job functions and hierarchical levels, leaving aside any concerns about power or hierarchy. Participants were asked to contribute freely to the global forum, generating ideas, comments and insights whatever their position in the company. Being invited to share one's views with an executive who has committed to take action has the effect of dropping barriers and opening communication. The collaborative effort consists of participants taking the opportunity to effect meaningful change very seriously. The company strives to stay in the forefront of its business sectors by innovating on all dimensions ; it is convinced that innovation is increasingly a collaborative act.

The strength of the JAM methodology resides in taking advantage of knowledge diversity, through exploiting the broad scope of participants positioned as active sources of valuable contribution to the organization's strategy. This cross-fertilization of distributed knowledge, spread throughout the different generations and expertise that populate the workforce, enhances capabilities of thinking differently and creatively.

JAM is asking partakers to go beyond existing knowledge, fostering collective creativity through these corporate conversations, based on the belief that employees are the top source of new ideas. This conviction is in tune with the results of the 2006 IBM Global CEO Study (Expanding the Innovation Horizon). Precise conditions that surround the organization of a JAM event to make it a real and intensive open collaboration momentum, favor the deployment of organizational creativity.

Finally, it is clear that the role of facilitators and hosts is critical for creating a climate of innovation making sense of the event, challenging the status quo and unleashing participants' creative capacity. These facilitators are selected for their aptitudes to get ideas moving forward in groups (in "real" or virtual mode) and creating an atmosphere of confidence to encourage people to articulate their own ideas. The facilitators' role is to inspire and open perspectives without exerting influence or passing judgment (Bjelland & Chapman Wood, 2008).

In the Knowledge era where creation and commercialization of new knowledge provides the vital underpinnings of innovation (Simpson, 2000), these social mechanisms seem to have a positive and essential influence both in instigating the innovation process and upholding it by leveraging dynamic processes around an organization's knowledge system.

3-3. Innovation as a knowledge management process

Innovation is undeniably a knowledge centric process, sustained by individual and social interactions and resulting from complex linkages between actors who create and distribute various kinds of knowledge. Its performance depends on the way these actors relate to each other as elements of *a collective system of knowledge creation and use* (OECD, 1997).

Talking about a *collective system of knowledge creation and use* implies that innovation is also a Knowledge Management process.

If knowledge is the catalyst for innovation, innovation is essentially about knowledge (Tidd, 2006): it is the outcome of a set of activities through knowledge acquisition, knowledge flow, knowledge integration and knowledge application, resulting in knowledge creation, with a lot of feedback loops between the different stages.

Knowledge is created through learning processes at the individual, group and organizational levels during the innovative process, and new knowledge resulting from innovation is fed back into the organization's knowledge base; this feed-

Figure 1-Innovation, a KM process

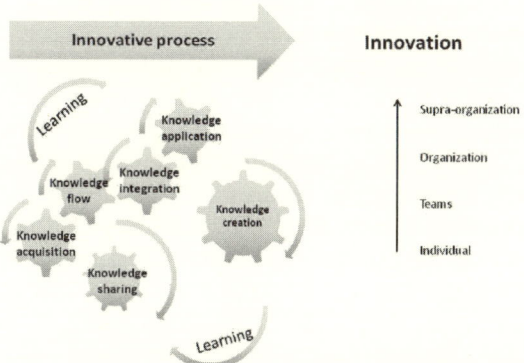

back loop contributes to the sustainability of the process (Corriera de Sousa, 2006).

There are influential factors in this *collective system of knowledge creation and use* that support and condition the direct impact of knowledge processes on firms' innovation.

First, the organization knowledge base constitutes the starting point and the basis for its competitive advantage (Sveiby, 1997). Actually, innovation depends on a firm's capacity to deploy its knowledge base and its ability to mobilize and synthesize knowledge from both within the firm and outside, with an emphasis on tacit knowledge (Johannessen, Andreeva & Kianto, 2011). This knowledge base is characterized by its depth and diversity, which increase agility through the understanding of new associations and new opportunities (Corriera de Sousa, 2006). It is enriched by the capacity to acquire new knowledge from outside: indeed, new knowledge interacts with existing knowledge to enhance the knowledge stock with a positive impact on innovation that in turn is stimulated by the diversity of viewpoints (Cohen and Levinthal, 1990; Gulati, 1999; Aranda, et al., 2002; Andreeva & Kianto, 2011).

The corollary of knowledge acquisition is knowledge integration. This is the capacity to interpret and absorb knowledge acquired from inside or outside to create new knowledge appropriate to the context. Several studies underline different knowledge attributes that can obstruct knowledge integration; amongst these are the lack of absorptive capacity (Cohen & Levinthal, 1990) or knowledge stickiness and causal ambiguity (Szulanski, 1996). Thus the high quality of the knowledge communication processes and knowledge sharer relationships will have a positive influence on the integration of new knowledge, which itself depends on a high level of internal connectivity (Aranda & Molina, 2002). Johannessen & Olsen (2011) argue that internal connectivity is an expression of a shared value system, shared visions, shared mental models and knowledge based on experience, all of which favor an innovative climate.

Knowledge sharing is the central activity of the knowledge-creating company whose main concern is to foster a natural collective sharing behavior. "*Sharing created this company*" said Mr. Gopalakrishnan, founder and COO of Infosys, about his own company (Garud, et al., 2006). And according to a popular quote, "*Knowledge shared is knowledge squared*".

Knowledge sharing is enhanced by knowledge empathy, which bolsters the comprehension of the context where knowledge comes from and makes sense to both; it is encouraged through the structuring of knowledge flows and the development of a culture that rewards knowledge sharing (Corriera de Sousa, 2006).

These processes focus and make sense in the implementation of knowledge since knowledge is relevant when it is applied. Basadur and Gelade (2006) argue that innovative organizations make a habit of using knowledge creatively, distinguishing use of knowledge for selection of options or production and use of knowledge for judgment, i. e. selecting between several options and decision making. This is in line with demonstrated usefulness which is an intrinsic feature of innovation (Quintane, et al., 2011).

To be innovative, an organization needs to be a "highly effective learning system" (Tusman and Nadler, 1999). This means having and deploying structures and a culture that facilitate the learning of all its members and continuously transforming itself (Pedler, et al., 1989). This aptitude of continuous learning and progress focuses on people's capacity to take effective action as well as being an attempt to articulate what a desired future for a company would be. This contributes to deploying shared mental models between members of an organization who are able to behave co-operatively (Johannessen and Olsen, 2011).

Finally, human behavior is the key to the success or failure of Knowledge Management activities, and consequently, of innovation, because managing knowledge implies developing an organizational culture based on teamwork, learning and sharing skills and experience ; these are mainly tacit talents or know how which are human-embodied and organization embedded (Bollinger and Smith, 2001 ; Donate & Guadamillas, 2011 ; Johannessen & Olsen, 2011).

The IBM Innovation JAM example may also illustrate how far the features of a knowledge management system described above, are determinant for the innovation process.

The JAM brainstorming created a vast pool of thoughts, generated from and discussed by more than 150,000 participants from 104 countries. Internal and external connectivity were activated, benefiting from knowledge diversity and boosting collective creativity. Facilitators acted to help emerging ideas evolve into more complete thoughts. Sophisticated text mining software was used to explore and make use of comments and suggestions, enriching the IBM knowledgebase and integrating the new knowledge acquired through continual exchange and - if possible, although this was more difficult - construction on each other's postings. This data mining examined and classified words in ordinary sentences, making categories or clusters reviewed by senior executives and professionals to synthesize main ideas and extract major trends or interests. The knowledge acquisition and integration process was completed both during and after the JAM. A subsequent analysis after this broad knowledge sharing event resulted in the emergence of new visions (Bjelland and Chapman Wood, 2008). Knowledge sharing between several thousand employees and participants led to knowledge creation and application : as already mentioned ten business units were created to develop new applications which were considered sources of promising business value and are still the basis of live business activity. Some examples are, "*real time translation service*", "*Digital me*" for management of multimedia content and personal information, "*Big Green innovations*" which focused on the use of advanced expertise and technology for emerging environmental opportunities and later a "smarter Planet" or "*intelligent utility network*" which increased the reliability and manageability of the world's power grids ; this last has become a core product of IBM public utility business (Bjelland and Chapman Wood, 2008). However, it is worth pointing out some lessons to be learned from this experience : the initial knowledge sharing and creation required substantial reviewing by experts as an essential second step to identify, refine and nurture good ideas with business potential.

Engaging employees in such an open and collaborative innovation does not only mean abandoning traditional models : it also requires a thoughtful process and the commitment of top management to adopt incentives for knowledge sharing and organizational structures genuinely devoted to effective learning culture and employee empowerment (Chauvel, et al., 2012).

4. Innovation as a social phenomenon

This perspective considers innovation as a social phenomenon, if we understand "social" according to the definition by Putman (2000, p. 19), meaning the result of dynamic connections : *social capital refers to connections among individuals — social networks and the norms of reciprocity and trustworthiness that arise from them.*

Indeed this social aspect shows the firm's capability to exploit knowledge innovatively, and knowledge is something that only people have, can develop, use and maintain through interactions with others. Innovativeness and innovation performance depend on the quality of these interactions (Nonaka et al., 2000 ; Snowden, 2003 ; Wang and Han, 2011). The emphasis is on the way of organizing collective human efforts aimed at establishing a social context appropriate to knowledge flows and enhancing relations and collaboration to generate valuable innovation. In the innovative process seen as a knowledge centric process, *human beings* are the central actors and those who generate knowledge. This highlights the critical importance and dynamics of the social dimension of knowledge for a successful innovation process.

A recent study[3] in France supports this approach; it refers to *a managerial revolution*, consisting of "*the revolution of co-construction, col-laboration, co-management*", stressing the social features of innovation and adjusting a new positioning for Human Resources which must function in line with the central role that the fast increase of collaborative tools has given to the employees: they have become actors of knowledge production and thus of innovation.

This transformation determines new attitudes and managerial capabilities that enable innovation within networks of actors and create a climate propitious to a knowledge based culture of innovation as defined here.

Kleef and Roome (2005) have produced a relevant literature analysis embedded in the work of a broad selection of authors; this compares the managerial capabilities to be developed for organizational competence in innovation for competitive reasons and for sustainable business management. It turns out that both of these overlap interestingly. Adopting a knowledge lens to consider this study and consistently with our former analysis, it is possible to highlight the managerial competences necessary for developing innovation as a social and sustainable phenomenon. These are: systemic thinking, capabilities for learning, capabilities for integrating diversified knowledge to act with agility, networking and social capabilities and creative thinking.

If innovation is understood as the result of successful and valuable connections between several economic, organizational and social processes, systemic thinking is a way of focusing on the interrelationship between the parts as they work together to fulfill the purpose of the whole. Networks and social technologies permeate corporate borders and their use is transforming ways of managing knowledge, shifting these to social knowledge management. This new approach is based on *Social Capital* resulting from interpersonal interactions: end-user participation, the emergence of social networks and open collaboration have become new levers for putting collective intelligence at the service of the organization, boosting its performance, and developing its creative and innovative capabilities (Boughazala, 2011).

In institutional settings, actors are now potentially numerous since "...*innovation has come to be seen as the responsibility of the entire organization.*" (Birkinshaw, et al., 2011, p. 43). Companies, and indeed any institution, should strive to create the conditions to fuel the deployment of such managerial capacities. The role of management and leadership is essential for building a business culture that encourages consistency while allowing for the sort of variability

---

(3) Innov' Acteurs et Capitalcom, 2012. Talents and innovation: two key factors for competitiveness. http://www.innovacteurs.asso.fr/?p=5005

which goes with collective creativity, innovation and experimentation.

5. Conclusion : A sustainable approach for innovation

Most of this argument has consisted in portraying innovation from a knowledge based view of the firm in order to analyze the innovative process and show how far it can be deemed as a knowledge intensive business process, and then a knowledge management process. Indeed innovation is viewed as the process of combining complementary forms of knowledge to create value for the firm (MacKinnon, et al., 2002) or as largely dependent on the firm's ability to capitalize on its intangible and social capital to yield value through social dynamics.

At the beginning of this chapter, we outlined the meaning of sustainability saying that what is considered is the sustainability of the innovation act and its outcomes : their potential long term durability, sense making and consistency with today as well as for the future, focusing on the human, social and management implications.

In our perspective, it is this social dimension that confers sustainability on innovation because the activation of internal firm strengths and resources is likely to contribute to fulfilling the conditions of "long term durability, sense making, consistency and beneficial interaction" mentioned above. The finest appraisal of the firm is rooted in its internal resources, knowledge being the scarcest one (Barney, 1991). People are the carriers of knowledge ; innovation and sustainability are more or less directly connected to the way in which these people acquire this knowledge, organize it, share it, create and use it, in other words, the way in which they make this knowledge sustainable. All levels of an organization, including stakeholders and end users, are considered as potential actors and contributors to the innovation process : they should be aware of and responsible for building the present while preserving the future. The sustainability of innovation resides in the fact that humans play the leading role in the innovation act through their capabilities of generating and using knowledge appropriately ; such sustainability also depends on their capacity to preserve innovation for both present and future application, and remain aware of the necessary adjustment of the whole system in which they operate.

This requires adopting social and human values that seem to fit both innovation and sustainability. Some works in the literature have dealt with the study of these values, identifying them as solidarity thorough collaboration, shared responsibility, reconciling long term and short term vision, engagement and respect, eco/socio efficiency, to increase stakeholders' awareness of value creation in a sustainable way (Shepherd, et al., 2009 ; Leiserowitz, et al., 2006).

The following quotation from Jorna (2006) appears to support this viewpoint and seems to be an apt conclusion to this study : *Designing organizations in such a way that creativity, innovation, learning and curiosity are stimulated means implementing sustainable innovation.*

References :
Amabile, T. M. and Kramer S. J. (2012) 'How Leaders Kill Meaning at Work', *McKinsey Quarterly*, No. 1, pp. 124-131
—— Conti, R., Coon, H., Lazenby, J., and Herron, M. (1996) 'Assessing the Work Environment for Creativity', *Academy of Management Journal*, Vol. 39, N° 5, pp. 1154-1184.
—— and Gryskiewicz, N. (1989) 'The Creative Environment Scales : The Work Environment Inventory', *Creativity Research Journal*, N° 2, pp. 231-254.
Andriopoulos, C. (2001) 'Determinants of Organizational creativity', *Management Decision*, Vol. 39, N° 10, pp 834-840
Andrew, J. P., Haanaes, K., Michael, D. C., Sirkin, H. L. and Taylor, A. (2009) 'Innovation 2009. Making Hard Decisions in the Downturn, The Boston Consulting Group, Boston, MA, available at : *http ://www.bcg.com/expertise_impact/publications/AllPublications. aspx?practiceArea=Outsourcing%2FBPO*.
Andreeva, A. and Kianto, A (2011) 'Knowledge processes, knowledge intensity and innovation : a moderated mediation analysis', *Journal of Knowledge Management*, Vol. 15 No. 6, pp. 1016-1034.
Antonelli, A. (1996) 'Localized knowledge percolation processes and information networks', *Journal of Evolutionary Economics*, Vol. 6, pp. 281-95.
Aranda, D. A. and Molina Fernandez, L. M. (2002) 'Determinants of innovation through a knowledge based theory lens', *Industrial Management and Data Systems*, Vol. 102, N° 5, pp. 289-296.
Baldwin, C. and von Hippel, E. (2010) 'Modeling a Paradigm Shift : From Producer Innovation to User and Open Collaborative Innovation', Harvard Business School Finance Working Paper No. 10-038
Barsh, J., Capozzi, M. and Mendonca, L. (2007) 'How Companies Approach Innovation', A McKinsey Global Survey, McKinsey & Company, New York, NY.
Barney, J. B. (1991) 'Firm resources and sustained competitive advantage', *Journal of Management*, Vol. 17 No. 1, pp. 99-120.
Basadur, M. and Gelade A. G. (2006) 'The Role of Knowledge Management in the Innovation Process', *Creativity and Innovation Management*, Vol. 15, N° 1, pp 45-62.
Bell, D. (1973) *The Coming of Post-industrial Society*, Basic Books, New York, NY.
Bjelland, O. M. and Chapman Wood, R. (2008) 'An inside view of IBM's "innovation JAM"', *MIT Sloan Management Review*, Vol. 50, N° 1 pp. 32-40.
Birkinshaw, J., Bouquet, C. and Barsouxet J.-L. (2011) *'The 5 Myths of Innovation' MIT Sloan Management Review*, Vol. 52, N° 2 pp. 43-50.
Blackler, F. (1995) 'Knowledge, knowledge work and organizations : an overview and interpretation', *Organization Studies*, Vol. 16, pp. 1021-46.

Bollinger, A. S. and Smith, R. D. (2001) 'Managing organizational knowledge as a strategic asset', *Journal of Knowledge Management*, Vol. 5, p. 8.

Borghini,S. (2005) 'Organizational creativity : breaking equilibrium and order to innovate', *Journal of Knowledge Management*, Vol. 9, N° 4, pp. 19-33.

Boughazala, I. and Dudezert, A. (2012) '*Knowledge Management 2.0 : Organizational Models and Enterprise Strategies* Information Science Reference. IGI Global, USA

Chauvel D., Tressols F., Despres C. (2012) 'The Open Innovation of Management & Organization in Meschi PX & Dibbiagio L,(eds), *Managing in the Knowledge Economy*, Prentice Hall.

Cohen, W. M. and Levinthal, D. A. (1990) 'Absorptive capacity : a new perspective on learning and innovation', *Administrative Science Quarterly*, Vol. 35, pp. 128-52.

Corriera de Sousa, M. (2006) 'The sustainable innovation engine', *The journal of information and knowledge management systems* Vol. 34 No. 6, pp. 398-405

Davenport, T. H. and Prusar, L. (1998) *Working Knowledge : How Organizations Manage What They Know*, Harvard Business School Press, Boston, MA.

Despres, C. and Chauvel, D. (1999) 'Knowledge Management (s)', *Journal of Knowledge Management* Vol. 3, N° 2, pp. 110±120.

Desouza, K. C., Dombrowski, C., Awazu, Y., Baloh, P., Sangareddy, S. R. P., Jha, S., Kim, J. Y. ((2009) 'Crafting Organizational Innovation Processes', *Innovation* : Management, Policy &Practice, Vol. 11 N° 1, pp. 6-33.

Dimitrov, V. (2003) 'Paradox of Sustainability : a Complexity-Based View', available at http ://www.zulenet.com/vladimirdimitrov/pages/home.html

Donate, M. J., and Guadamillas, F. (2011) 'Organizational factors to support knowledge management and innovation', *Journal of Knowledge Management*, Vol. 15, N° 6, pp. 890-914.

Dosi, G. (1988), "The nature of the innovative process", in Dosi, G., Freeman, C. H., Nelson, R., Silverberg, G. and Soete, L. (Eds), *Technical Change and Economic Theory*, Pinter, London, pp. 221-38.

Drucker, P. (1993) *Post-Capitalist Society*, HarperBusiness, USA.

Galende, J. (2006) 'Analysis of technological innovation from business economics and management', *Technovation*, Vol. 26, pp. 300-311.

Galunic, C. and Rodan, S. (1998) 'Resource recombination in the firm : knowledge, structures and the potential for Schumpeterian innovation', *Strategic Management Journal*, Vol. 19, pp. 1193-201.

Garud, R., Kumaraswamy, A. and Sambamurthy, V. (2006) 'Emergent by Design : Performance and Transformation at Infosys Technologies', *Organization Science*, Vol. 17, N° 2, pp. 277-286.

George, G., Kotha, R. and Zheng, Y. (2008) 'Entry into insular domains : a longitudinal study of knowledge structuration and innovation in biotechnology firms', *Journal of Management Studies*, Vol. 45, pp. 1448-74.

Glynn, M. A. (1996) 'Innovative genius : a framework for relating individual and organizational intelligences to innovation', *Academy of Management Review*, Vol. 21, pp. 1081-111.

Grant, R. M. (1991) 'The resource-based theory of competitive advantage', *California Management Review*, Vol. 33, N° 3, pp. 114-135.

Grant, R. M. (1996) 'Toward a knowledge-based theory of the firm', *Strategic Management Journal*, Vol. 17, pp. 109-22.

Gulati, R. (1999) "Network location and learning: the influence of network resources and firm capabilities on alliance formation', *Strategic Management Journal*, Vol. 20 No. 5, pp. 397-420.

Gupta, A. K., Tesluk, P. E. and Taylor, M. S. (2007) 'Innovation at and across multiple levels of analysis', *Organization Science*, Vol. 18, pp. 885-97.

Hall, R. (1992) 'The strategic analysis of intangible resources', *Strategic Management Journal*, Vol. 13 No. 2, pp. 135-44.

Johannessen, J. A. and Olsen, B. (2011) 'What creates innovation in a globalized knowledge economy? A cybernetic point of view', Vine Emerald, Vol. 40 N° 9/10, pp. 1395-1421.

Jorna, René (2006). *Sustainable Innovation: the organizational, human and knowledge dimension*, Greenleaf Publishing, Sheffield. UK.

Kelley, T. (2001) *The Art of Innovation*, Currency Doubleday, New York, NY.

van Kleef, J. A. G. and Roome, N. J. (2005) 'Developing capabilities and competence for sustainable business management as innovation: a research agenda', *Journal of Cleaner Production*, Vol. 15, pp. 38-51.

Klijn, M. and Tomic, W. (2009) 'A review of creativity within organizations from a psychological perspective', *Journal of Management Development*, Vol. 29 No. 4, pp. 322-343.

Kurtz, C. and Snowden, D. (2003) 'The New Dynamics of Strategy: Sense-making in a Complex-Complicated World', *IBM Systems Journal*, Vol. 42, N° 3, pp. 462-83.

Leiserowitz, A. A., Kates, R. W., & Paris, T. M. (2006) 'Sustainability values, attitudes, and behaviors: A review of multinational and global trends', *Annual Review of Environment & Resources*, Vol. 31, pp. 413-444.

Leonard-Barton, D. L. (1995) *Wellsprings of Knowledge: Building and Sustaining the Sources of Innovation*, Harvard Business School Press, Boston, MA.

MacKinnon, D., Cumbers, A., and Chapman, K. (2002) 'Learning, innovation, and regional development: A critical appraisal of recent debates', *Progress in Human Geography*, Vol. 26, No. 3, pp. 293-311.

Martin de Castro, Lopez-Saez, P. and MDelgado-Verde, M. (2011) 'Towards a knowledge-based view of firm innovation. Theory and empirical research', *Journal of Knowledge Management*, Vol. 15 N° 6 pp. 871-874.

Mitra Jay, 2000, Making connections: innovation and collective learning in small businesses. Education + Training, Vol. 42 Iss: 4/5, pp. 228-237.

Nahapiet, J. and Ghoshal, S. (1998) 'Social capital, intellectual capital, and the organizational advantage', *Academy of Management Review*, Vol. 23, pp. 242-66.

Nidumolu, R., Prahalad, C. K. and Rangaswami, M. R. (2009) 'Why Sustainability is now the Key Driver of Innovation', *Harvard Business review*, September, pp. 50-64.

Nonaka, I. and Takeuchi, H. (1995) *The Knowledge Creating Company: How Japanese Companies Create the Dynamics of Innovation*, Oxford University Press, New York, NY.

Nonaka, I,, Toyama, R., et Konno, N. (2000) 'SECI, Ba and leadership: an unified model of dynamic knowledge creation', *Long Range Planning*, Vol. 33, pp. 5-34.

Obstfeld, D. (2005) 'Social networks, the teritus iungens orientation, and involvement in innovation', Administrative *Science Quarterly*, Vol. 50, pp. 100-30.

Ostegaard, C., Timmermansa, B. and Kristinssonb, K. (2011) 'Does a different view create something new? The effect of employee diversity on innovation', *Research Policy*, N° 40, pp. 500-509.

OECD (2009) "'New Nature of Innovation', available at http://www.newnatureofinnova-

tion.org/
Pedler M., Boydell T. and Burgoyne J., 1988 'Towards the Learning Company', *Management Learning* Vol. 29 N° 3, pp. 337-364
Porter, M. E. (1990) *The Competitive Advantage of Nations*, Free Press, New York, NY.
Prahalad, C. K. and Hamel, G. (1990) 'The core competence of the corporation', *Harvard Business Review*, Vol. 68, pp. 79-91.
Putnam, R. D. 2000. Bowling Alone: The Collapse and Revival of American Community. New York: Simon & Schuster.
Quinn, J. B, (1993) Intelligent Enterprise, Free Press, New York, NY.
Quintana-Garca, C., Benavides-Velasco, C. A., (2008) 'Innovative competence, exploration and exploitation: the influence of technological diversification, *Research Policy*, N° 37, pp. 492-507.
Quintane, E,, Mitch Casselman, R., Sebastian Reiche, B. and Nylund, P. A. (2011) 'Innovation as a knowledge-based outcome', *Journal of Knowledge Management* ,Vol. 15 N° 6, pp. 928-947.
Simpson, B. M. (2002) 'The knowledge needs of innovating organisations', *The Singapore Management Review*, Vol. 24 , N° 3, pp. 51-60.
Soer, A. and Horvath, B. (2011) 'Sustainable development and coming to terms with complexity'. available at http://europeandcis.undp.org/blog/2011/12/22/sustainable-development-and-coming-to-terms-with-complexity/
Snowden, D. J. and Boone, M. E. (2007) 'A Leader's framework for decision making", *Harvard Business Review*, November.
Spender, J. C. (1993) 'Competitive advantage from tacit knowledge? Unpacking the concept and its strategic implications', *Academy of Management Best Paper Proceedings*, pp. 37 -41.
Subramaniam, M. and Youndt, M. A. (2005) 'The influence of intellectual capital on the types of innovative capabilities', *Academy of Management Journal*, Vol. 48, pp. 450-63.
Sveiby, K. E. (1997) The *New Organizational Wealth : Managing and Measuring Knowledge Based Assets*, Berrett Koehler, San Francisco, CA.
Szulanski, G. (1996) 'Exploring Internal Stickiness: Impediments to the Transfer of Best Practice within the Firm', *Strategic Management Journal*, Vol. 17, Special Issue: Knowledge and the Firm, Winter, pp. 27-43.
Tapscot, D. and William, A.D. (2013) Radical Openness: Four Principles for Unthinkable Success. TED Books.
Teece, D. (2011) Knowledge Assets, Capabilities and the Theory of the Firm. In Easterby-Smith, M. Lyles, M. A. Handbook of organizational Learning and Knowledge management, Wiley.
Tsai, W. and Ghoshal, S. (1998) 'Social capital and value creation: the role of intrafirm networks', *Academy of Management Journal*, Vol. 41, pp. 464-76.
Tusman, M. and Nadler, D. (1999) The Organization of the Future: Strategic Imperatives and Core Competencies for the 21st Century. *Organizational Dynamics*, Vol. 28, N° 1, pp. 45 -60.
Vaitheeswaran, V. (2012) *Need, Speed and Greed*, Harper Collins Books, NY, USA.
Vicari, S. 1998. La creatività dell'impresa. Tra caso e necessità, Milano, Etas Libri.
Vollenbroek, F. A. (2002) Sustainable development and the challenge of innovation, *Journal of Cleaner Production*, N° 10, pp. 215-223.
Tidd, J., Bessant, J. and Pavitt, K. (2005) *Managing Innovation : Integrating Technological,*

Market and Organizational Change, 3rd ed., Wiley, Chichester.
Wang, C. and Han, Y. (2011) 'Linking properties of knowledge with innovation performance: The moderate role of absorptive capacity', *Journal of Knowledge Management*, Vol. 15, No. 5, pp. 802-819.
Weick, K. E. and Roberts, K. H. (1993) *Collective mind in organizations : heedful interrelating on flight decks, Administrative Science Quarterly*, Vol. 38, pp. 357-381.
Wiig, K. M. (1993) *Knowledge Management Foundations : Thinking about Thinking — How People and Organizations Create, Represent and use Knowledge*, Schema Press, Arlington, TX.
Woodman, R., Sawyer, J., Griffin, R. (1993) 'Toward a theory of organizational creativity, *The Academy of Management Review*, Vol. 18, N° 2, pp. 293-321.
Wylie, K. (2009) *Value Initiatives Improving Performance in the Workplace*, GRIN Verlag.

II 持続可能な発展をもたらす
イノベーション

- ◆ 持続可能な発展における先進国企業によるイノベーションの役割について（岡田正大）
- ◆ NEC：持続的成長のための知恵集約社会（広崎膨太郎）
- ◆ ユニリーバ：新しいビジネス・モデルの構築を目指して（レイ・ブレムナー；伊藤征慶訳）

持続可能な発展における先進国企業による
イノベーションの役割について

岡田正大　慶應義塾大学大学院経営管理研究科准教授

1．本論の目的

　本論は伝統的戦略理論（Porter 1980, 1985, Barney 1996等）をベースとしながら，持続可能な発展を実現する上で先進国企業によるイノベーションがどのような役割を果たし得るかについて考察する。その際，時にその多義性ゆえ曖昧に議論されがちな「持続可能性」「イノベーション」「発展」といったそれぞれの概念を既存文献に基づいて定義し，それらに基づいて議論を進める。

　本論の帰結として，地球環境の持続可能性を前提としつつ，個別企業が自社事業の持続的発展と参入対象国コミュニティの持続的発展を両立させるためには，どのようなイノベーション行動が有効と考えられるかを明らかにする。

　OECDを始めとする先進国に本拠を置く企業に着目する理由は，実務的要請として，これら企業は本国市場の成長鈍化に直面し，新興国や開発途上国等国外市場の開拓への関心が高く[1]，その基本的方針をどのように定めればよいかを考察することに意義が認められるからである。

2．「持続可能性」の多義性

　一般に企業活動に関わる「持続可能性」といっても，そこには少なくとも3つの異なる文脈がある。

（1）　日本能率協会2010年度「第32回 当面する企業経営課題に関する調査」によれば，新興国市場での事業展開が「すでに進行中」「参入検討中」「市場調査を始めている」の合計が53.3％，低所得のBOP層市場に対しては同様の回答の合計が20.2％となっている。

2-1. 地球環境の持続可能性

　主に先進国企業による経済活動が地球環境の悪化を招き、1960年代以降環境保護の観点から企業活動に対する様々な疑義が呈され、環境規制も強化されてきた（後述）。この文脈における「持続可能」な発展とは、「将来世代が彼ら自身のニーズを満たす能力を犠牲にすることなく、現世代のニーズを満たす」経済発展（WCED 1987）を意味し、Hart (1996) の指摘する「この地球という惑星が永久に支え続けることができる『持続可能な地球規模経済（a sustainable global economy）』」という表現においても、同様の意味合いで「持続可能」という語が使われている。この地球規模の環境維持という観点からの持続可能性が、企業活動にとって最も上位の制約条件になると考えられる。

2-2. 開発途上国にとっての持続可能性

　開発途上国にとっては、自国の経済発展をどう持続させるかが最重要の政策課題の1つである。ここにおいて持続可能性は、単に地球環境のキャパシティ限度内の発展という意味のみならず、経済発展自体が持続可能な慣性を有していることが期待されている。例えば先進国政府や国際機関、非営利開発セクターからの支援や補助に過度に依存することなく、自律的経済発展を着実に進めるという意がある。近年重視されるプライベートセクター・ディベロップメントという概念も、まさに経済的に自立した民間セクター主導の持続的経済発展を指向している。

2-3. 先進国企業にとっての持続可能性

　既存の経営戦略理論の範疇で企業にとっての持続可能性と言えば、それは企業の営む個別事業、ひいては自社全体の<u>経済的価値（企業価値）の増大を持続させていく</u>ことを意味する。すなわち戦略実行のゴールとしての「持続的競争優位（sustainable competitive advantage）」（Porter 1980, 1985, Barney 1996）で言うところの「持続可能性」であり、この持続性を成立させるのは経営資源の「模倣困難性」である。

ここにおいて，企業の存在が経済的空間で閉じているとすれば，持続可能な発展とイノベーションはこの経済的世界で完結する。だが現実には企業は社会的存在であり（谷本 1993, 2002），そこにはもちろん第1に紹介した地球環境の持続可能性や，第2に紹介した進出先コミュニティの自律的かつ持続的な経済発展への配慮が求められる。すなわち個別の先進国企業の視点（経営戦略理論の分析単位）に立って国外市場（特に新興国や開発途上国）への参入という状況を想定するならば，上記3種類の持続可能性の実現を目指すことが要請される。

3．イノベーションの多面性

3-1．「創造的破壊」

イノベーションほどその諸相が多岐にわたる概念も少ないが，資本主義経済を念頭に置く限り，常にその中核概念として挙げられるのが利潤動機に基づく「創造的破壊」（Schumpeter 1943）である。Schumpeter は，その著書（前掲書）の中の「創造的破壊」に触れるくだりでこう述べている（通常は「創造的破壊」という語句のみの引用で終わるケースが多いので，ここでは敢えて前後の文脈を含む長い引用を行う）。

「（そこで）資本主義とは，その性質として経済的変化を起こす形態もしくは方法であって，決して現時点で固定化されたものではなく，そもそもそうではあり得ない。そしてこの資本主義的プロセスが有する進化的な性質をもたらしているのは，単に経済的生活に社会的自然的環境変化がもたらす経済情報の変質だけではない。もちろん，こうした環境変化（例えば戦争や革命といったもの）がしばしば産業上の変化を条件づけることは重要な事実であるが，これらが主要な進化要因ではない。さらにまた，資本主義の進化は，単に疑似的に自然発生的な人口増加や資本投入の増加，また金融・貨幣市場の予期できない変動によってもたらされるものでもない。<u>資本主義のエンジンを動かし続けている根本的な力は，資本主義下の企業が生み出す新たな消費者向け製品，生産や輸送の全く新しい方法，新たな</u>

市場,産業組織の新たな形によってもたらされるものなのである」
(Schumpeter 1943 : 82-83,邦訳と下線は筆者)。

「それが外国であれ国内であれ新市場を開拓するということや,小さな町工場がUSスチールのような巨大組織に発展していくことは,――生物学的表現が許されるならば――産業上の変異であり,それは経済構造を内部から絶え間なく革命的に変化させ,古い構造を絶え間なく破壊し続け,絶え間なく新しい構造を生み続ける。この創造的破壊のプロセスこそが,資本主義における最も重要な事実である。これこそが資本主義の本質を構成しているものであり,あらゆる資本家の関心が存すべき点である」
(Schumpeter 1943 : 83,邦訳と下線は筆者)。

よく知られた「創造的破壊」というイノベーションの様相が,企業によって担われる,きわめて多様かつ動的で継続的現象だということが指摘されている。

3-2. プロセス,製品,マネジメント

Ettlie (1998) は,イノベーション活動の一つである研究開発 (R&D) を製造プロセスR&Dと製品R&Dに分類し,前者はコスト低減を,後者は売上成長をもたらし,特に組み立て系産業ではプロセスR&Dが,医薬・素材系産業では製品R&Dが重要だとする。Hamel (2006, 2008) はそれら技術上のイノベーションに加え,経営プロセスやビジネスモデルそのもの,つまりマネジメントの革新が持続的成功にとって重要であるという。すなわちイノベーションには,少なくともプロセス,製品,マネジメントという3つの側面がある。

3-3. 持続的イノベーションと破壊的イノベーション

Christensen (1997, 2003) は,イノベーションに新たな2分法を提起した。持続的イノベーションと破壊的イノベーションである。持続的イノベーションとは,当該企業が伝統的に製品を提供してきた既存市場の既存顧客の満足度を高めるために追求される漸増的技術向上である。しかしながら技術プッシュ型の傾向が強い持続的イノベーターは,その技術水準が顧客の使いこなせる,も

しくは望む水準を突き抜けてしまっても（overshoot），それを認識しながらも技術向上の歩みを止められないという。この技術主導型企業の抱える慣性は1つのジレンマである。さらにこうした過剰機能が進行すると，顧客は必要以上のものを購入させられることに対する不満が募ってくる。

このような状況で同じ業界内で発生するのがローコスト型破壊的イノベーションである。このローコスト型破壊者は，参入当初は顧客の水準よりもはるかに低い性能しか提供できないが，その分コストも価格も非常に低い。この種のローコスト製品の性能が徐々に向上し，持続的イノベーターの主要顧客の下限水準に追いついてきた時，それら顧客の大半が一斉にローコスト型破壊者の製品にスイッチする。こうして持続的イノベーターは大半の売上を短期間に失うことになる。

一方，新市場創造型破壊的イノベーションは，持続的イノベーターの業界（例えば電信ベースの長距離通信業界）とは異なる関連業界（例えば短距離の電話通信業界）に登場する。例示した通信業界であれば，当初の電話機の技術的な限界から，電話を長距離通信に使用することは不可能で，長距離用途の電話通信は「非消費」状態だった。ところが電話技術の限界が克服されることによって音声による長距離通信が一挙に新市場として出現し，既存の電信ベースの長距離通信業界に対し突然に代替の脅威となった。結果，電信長距離通信業界は，一挙に顧客を失うこととなった。

3-4．イノベーションの5段階の進化過程

Rothwell（1994）によれば，企業によるイノベーションは歴史的に5段階で進化してきている。(1)1950年代から60年代半ばに至る技術プッシュ型，(2)1960年代終わりから70年代初頭にかけての市場プル型，(3)70年代半ばから80年代初めにかけてのカップリング・モデル型（プッシュとプルの併用），(4)80年代半ばから90年代の統合イノベーション・プロセス型（日本の電機・自動車業界で展開された同時並行的な機能横断的学習，コンカレント・エンジニアリング），そして(5)現在につながる ネットワーキング・プロセス型（国際的な戦略的提携，協力戦

略,大小企業間の提携等）である。このネットワーキングとは,企業が社外プレーヤーとの対話や協働を通じてイノベーションを生起させるということであり,Prahalad and Ramaswamy (2004) の言う顧客との協働による価値創造や,ビジネスエコシステム (Moore 1997, Adner 2012),イノベーションクラスター (Tanimoto 2007, 2008) なども,この型のイノベーションの派生形である。

4．経済発展の2類型

　経済成長・経済発展には,一般に外延的成長 (extensive growth) と集約的成長 (intensive growth) の2種類がある (Wilcznski 1971, Economist 2013)。外延的成長とは,単に労働力・資本・資源の追加的投入によって得られる経済発展である。例えば途上国において,これまで公式経済の中で労働に従事していなかった女性が労働に従事するとか,教育を改善して生産人口のより多くが就業できるようにするなどである。しかしこの種の経済発展は収穫逓減に直面してしまう。なぜならば,追加1単位労働当たりの生産性は,徐々に低下していくからである。例えば,最初に追加投入される労働力は利用可能な中から最善の人材が選択され,順次投入労働者の質は低下していく。この場合,経済規模は増大するものの,労働者の報酬は増加していかず,むしろ平均報酬額は低下していくだろう。

　一方集約的成長は,労働生産性や経営資源の生産性そのものを向上させる新たなよりよい方法（イノベーション）によって引き起こされる。この場合,労働者の報酬や福祉は増進し,生産人口が減少してもなお経済が成長する可能性すらある。

　新興国・開発途上国での企業活動は,単に外延的成長のみならず,集約的成長を指向したものであることが求められる。

5．成熟する先進国市場とイノベーション悲観論

　昨今，イノベーションの経済的効果に対する悲観論が主張されている。Gordon（2012）によれば，米英の人口1人当たりGDPの実質成長率の推移を歴史的に俯瞰すると，1700年代以降，蒸気機関の発明（1770年），蒸気機関車による運輸革命（1830年），電信の登場（1840年），発電機の登場による電化の進展（1880年）を経て，両国の1人当たりGDP実質成長率は1930年から50年にかけて年率2.5％増のピークを迎え，以後低下し続けているという。すなわち，その後出現したコンピューターやインターネットの発明は，かつての産業上の大発明と比べ，必ずしも1人当たりの富を押し上げる力がないのではないか，というのである。これに対して，それら情報技術の経済貢献効果を判断するには時期尚早という反論もある（Economist 2013）。

　またNair, et al.（2010）は，1986年から1992年，1997年から2003年の2期に分けて，米国におけるR&D集中度（売上高に占める研究開発費の割合）と売上高粗利益率の長期間推移を4業界にわたって俯瞰した。同研究の本来の目的は，景気サイクル（各期に景気上昇と下降の両方が含まれる）がイノベーションのもたらすパフォーマンスに与える影響を明らかにすることだが，彼らの収集したデータ（表1）は，期せずして上記のイノベーション悲観論の傍証になっている。

　表1から明らかなことは，R&D集中度が各業界の2期間で15％から75％の幅で大幅な上昇を見ているにもかかわらず，粗利益率は長期にわたってほとんど変化していない点だ[2]。こうした現象の1つの解釈は，先進国市場における

（2）　R&D投資と企業パフォーマンスの関係については数多くの実証研究がなされており（Pakes 1984, Hoskisson and Hitt 1988, Vernon and Wells 1991, Geroski, et al. 1993, Hanel and St-Pierre 2002等），その大半は両者に正の相関があることを実証している。ただし，Hoskisson and Hitt（1988）は多角化度の高まりは，R&D集中度の企業パフォーマンスへの効果を負にすることを実証している。

表1 米国におけるR&D集中度と粗利益率の長期的変化
(Nair, et al. 2010)

		1986〜1992	1997〜2003	変化率
化　学	R&D集中度(%)	5.8	6.7	15.52
	粗利益率(%)	43.6	44.4	1.83
機　械	R&D集中度(%)	5.5	9.6	74.55
	粗利益率(%)	38.1	38.9	2.10
電子機器	R&D集中度(%)	7.3	11.2	53.42
	粗利益率(%)	39.6	40.8	3.03
輸送用機器	R&D集中度(%)	1.8	3.0	66.67
	粗利益率(%)	24.8	24.5	−1.21

市場競争がより激化し，競合の脅威が高まった結果，1単位のイノベーションが生み出し得る利益が逓減してきていることである。

つまり少なくとも米国においては，現状の研究開発行動のままでは自社の企業価値成長を維持することが困難になっている状況が示唆される。

世界銀行の統計によれば，1人当たりGDPが$975以下の低所得国と同$976—11,905の中所得国の1992—2006年の年平均成長率は約7％，$11,906以上の高所得国の成長率は約2％である。Prahalad and Hart（2002）も，先進国市場における過剰供給能力と過剰な市場競争の存在を指摘し，開発途上国の低所得層市場（BOP層）の潜在的成長性を指摘している。実業界において，さらなる成長への潜在性が相対的に高い新興国市場，途上国市場への進出が急務と言われるゆえんである。

6．新興国・開発途上国への参入と経済的パフォーマンス

先進国の経済発展（含む企業活動）が足踏み状態であることは，あくまで多様な業界・企業をすべて合算して平均的に見た場合であり，戦略理論本来の分析レベルである個別企業の視点に立ちかえれば，新興国市場や開発途上国市場へ先行者として積極的に参画している企業はその経済的価値を益々高めている（図1，2）。

図1 世界的主要自動車会社の株価推移（リーマンショック以降）

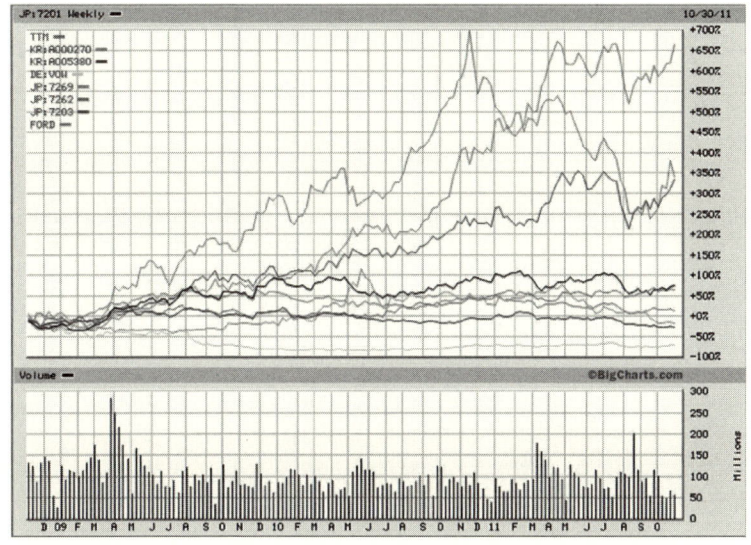

(TTM：タタモーター, A000270：起亜, A005380：現代, VOW：フォルクスワーゲン, 7269：スズキ, 7262：ダイハツ, 7201：日産, 7203：トヨタ, FORD：フォード)

出典：BigCharts

　自動車業界（図1）では，インドのタタ，韓国の現代・起亜グループが，またIT業界（図2）では，中国のZTE，米国のIBM，ドイツのシーメンスが，株式のリターンで日本企業を大きく上回っている。これらのハイリターン企業群は日本企業と比較して，より積極的に新興国や途上国へ参入している。例えばIT業界では，ZTEはアフリカ市場からの売上高比率がすでに20％にのぼり，中国本国の割合は40％に過ぎない（2010年度）。積極的に適正技術を開発し，世界の各市場へ地球規模の視点で参入を試みている。一方日本の企業は母国市場である日本での売上高比率が84％（NEC 2011年度），69％（富士通 2010年度）であり，成長性の鈍化した日本市場への依存度が際立って高い。

図2 世界的主要 IT 企業の株価推移（リーマンショック以降）

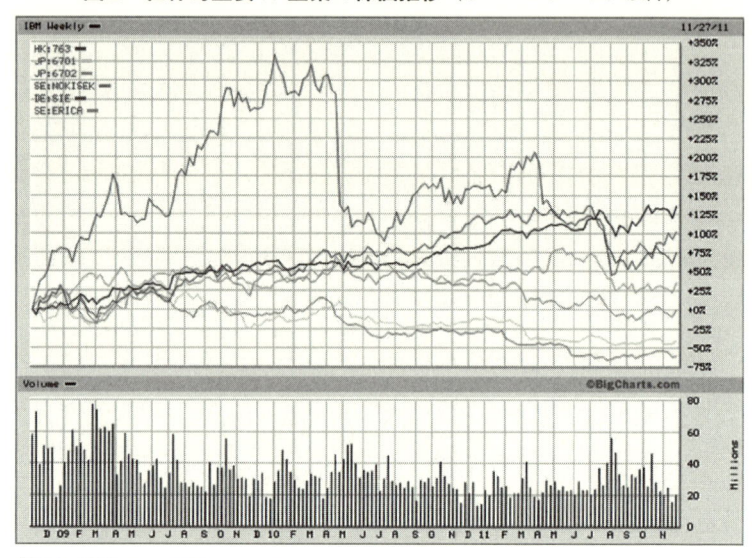

(IBM：IBM, 763：ZTE, 6702：Fujitsu, 6701：NEC, SIE：Siemens, NOKISEK：Nokia, ERICA：Ericsson)
出典：BigCharts

7．持続可能な発展に求められるイノベーション

　先に述べたように，先進国企業が新興国・途上国へ進出するならば，そこでは地球環境の持続可能性，開発途上国の経済発展の持続可能性，自社成長の持続可能性を同時に成立させるイノベーションが要求される。

　地球環境と経済発展の両立に関しては，Ehrlich（1968）と Commoner（1972）の立論が知られている。両者は，環境負荷（environmental burden）が人口，物質的豊かさ（生産量すなわち消費量），技術の3要素によって説明される点で一致している（式1）。

　　　環境負荷 EB＝人口×物質的豊かさ（生産量もしくは消費量）×技術

(1)

Commonerのさらなる分解によって，上の式（1）は下記のように説明される。

環境負荷＝人口×[生産量（消費量）／人口]×[環境負荷／生産量（消費量）]　　　　　　　　　　　　　　　　　　　　　　　　（2）

（1）式における「物質的豊かさ」は（2）式において人口1人当たりの生産量（消費量）として，また「技術」はいかに単位生産量（消費量）当りの環境負荷を少なくできるか，として意味づけられている。環境負荷を減らすためには，人口減らすか，1人当たりの生産量（消費量）を減らすか，単位生産量（消費量）当たりの環境負荷を減らす技術を生み出すか，のいずれかになるが，EhrlichとCommonerは共に「地球環境持続性」の立場から，前者は特に人口爆発への懸念を，後者は環境負荷のより小さな技術の重要性を訴えた。

Hart（1996）はこの等式に触れて，人口を減少させるには政治的な強制力が必要となるし，また豊かさを犠牲にすることは教育や訓練の機会を減じてしまい，かえって肉体労働の働き手としての人口増を招き，やはり望ましくない。よって技術革新が切り札であると主張する。

さてここで企業が経済的に望ましいと考える状態，すなわち「生産量（消費量）の増大」を従属変数（左辺）として，（2）式を単純に変換すると，次のような式（3）になる。

生産量（消費量）＝人口×[生産量（消費量）／環境負荷]×[環境負荷／人口]　　　　　　　　　　　　　　　　　　　　　　　　（3）

第1に，生産量（消費量）を増やすには，人口を増やせばよい。しかし，開発途上国で考えると，人口の急激な増加は農村部の貧困を構造化し[3]，都市への人口流入等様々な社会的問題を発生させる。またマクロレベルでの絶対的人

---

(3) 開発途上国農村部では，働き手不足から子供を多くもうける傾向があり，それがさらに扶養すべき家族数を増やし，それが天然資源の濫用を促進し，長期的に生産性が下がり，さらに貧困度が増すという悪循環を生む。同時に，こうした農村部の生活困窮者が都市へ流入し，職の数に限りがある都市スラムを形成して貧困をさらに構造化する。(Hart 1996)

口数は個別企業が影響力を行使できる範囲を超えている。むしろここでは人口に占める就業者比率をいかに増やすかを問題とすべきだろう。つまり先進国であれば女性や高齢者の就業人口をいかに増加させるかであるし、途上国であればこれまで経済活動に関与できていなかった，失業している成人の若者（子供ではない）や家庭の女性がいかに生産活動に従事できるようになるか，が重要になる。いわば外延的成長（extensive growth）の追求である。これには企業が関与する余地がある。ただしこれだけでは最終的に収穫逓減に直面することになる（前述）。

第2に，環境負荷1単位当たりの生産量（消費量）である。この項はいかに環境負荷を減らしつつ，一方で生産量（消費量）を増やせるか，ということを意味する。換言すれば生産活動・生産技術の環境健全性と生産性を同時に達成させるような，新たな技術上のイノベーションが求められる。集約的成長（intensive growth）の領域である。

第3に，生産量（消費量）を増やすには，人口1人当たりが生み出す環境負荷をより多く許容すること，つまり個々の人間や企業がより多くの天然資源を採取・使用したり，環境負荷を気にせずに低コスト生産や消費を増大させればよい。しかしこれは本論の大前提である地球環境の「持続可能性」を正面から否定する行動であり，この項を増大させることは望ましくない。むしろ減少させることが求められる。この項に対し，生産の拡大要因は求められるべきではない。

総じて企業の投資行動は，社会的・環境的にネガティブインパクトを生じさせないことにとどまらず，ポジティブインパクトを生じさせるとともに，それをコストではなく利益につなげる方法を創出することが重要である。もっとも，すべての企業にそれが実現可能というわけはなく，それを実現できる少数の企業に競争優位の源泉が生じる。つまり社会性を追求する投資によって経済性を向上させる「社会経済的収束能力」（岡田 2012）の役割が重要となる。

8．持続可能な発展と先進国企業によるイノベーションの役割

　総じて，既存先進国市場のイノベーション生産性（限界効用）は逓減してきている可能性があり，イノベーションの投資収益率を高める新たな方策・新たな市場を先進国企業は追求しなければならなくなっている。持続的イノベーターの罠に陥って既存市場への過剰投資を続けるのではなく，既存技術もしくは破壊的イノベーションによっていかに新興国・途上国市場へ訴求するかに注力したほうが，はるかに研究開発投資のリターンは高まると推察される。それがHart and Christensen（2002）の主張する「偉大なる跳躍（Great Leap）」であり，Christensen, Craig and Hart（2001）の言う「偉大なる破壊（Great Disruption）」である。イノベーションに社会軸を持ち込むことによる新たな融合によって，社会性と経済性を共に向上させるイノベーションが求められている。それに従って，イノベーションの評価尺度も，経済のみの測定尺度から経済的リターンと社会的リターンを統合的に評価する枠組みが求められるであろう。

　最後に企業戦略への示唆としては，「研究開発」の機能概念を再定義する必要が高まっている。研究開発費予算を技術イノベーション予算としてだけでなく，マネジメント・イノベーションをも含んだ新たな価値創造のための原資として再定義し，例えば開発途上国への既存技術の適用可能性や，現地技術の先進国市場への適用可能性（リバースイノベーション）の探索なども，研究開発機能の役割として捉え直す必要があるだろう。

　持続可能な発展を生み出す担い手として，企業による破壊的イノベーションの役割は重要である。国際機関や非営利セクター，新興国・途上国の現地人材と協働しながら，その実現へ当事者として取り組む戦略的意図を持つことが求められている。

　現在の先進国企業の中には，破壊的イノベーションを起こす気概も意図も失ってしまったかのようなものもある。そして依然として競争の激しい既存市場に社運をかけるような資源配分を行う。なぜか？　それは1つには，その既存

市場がその企業にとって住み慣れ，長年親しんできた心地よいゾーン（comfortable zone）だからである。いかにそこから脱却するかが，今後の先進国企業の課題となる。例えばコスト構造の軽い戦略的子会社を設立し，既存の収益尺度とは異なる評価体系を設けるなど，新たな価値を具現化できる小回りの効く組織を立ち上げるのも1つの方法である。伝統的主流組織の中では持続的イノベーションが再生産される可能性が高く，何も新しいビジネスモデルは生まれてこない。「破壊的イノベーションに基づくビジネスは，（大企業幹部にとって）最初目にした時は，自社の本業とは何の脈絡も感じられない」（Christensen, Craig and Hart 2001）。こうした錯覚に陥ることなく，新たなイノベーションの芽が摘まれることなく，育まれることが祈念される。

参考文献

Adner, R. (2012) *The Wide Lens : A New Strategy for Innovation*, Portfolio Hardcover.（清水勝彦監訳「ワイドレンズ」東洋経済新報社，2013年）

Barney, J. B. (1996) *Gaining and Sustaining Competitive Advantage*, Addison-Wesley : Reading, MA.

Commoner, B. (1972) "On 'The Closing Circle': Response", *Bulletin of the Atomic Scientists*, 28 (5): 17, 42-56.

Christensen, C. (1997) *The Innovator's Dilemma : When New Technologies Cause Great Firms to Fail*, Harvard Business School Press.

Christensen, C. (2003) *The Innovator's Solution : Creating and Sustaining Successful Growth*, Harvard Business School Press.

Christensen, C., T. Craig and S. Hart (2001) "The Great Disruption", *Foreign Affairs*, 80 (2): 80-95.

Economist (2013) "Innovation pessimism : Has the ideas machine broken down?" *Economist*, January 12, 2013.

Ehrlich, P. R. (1968) *The Population Bomb*, Ballantine Books.

Ettlie, J. E. (1998) "R&D and Global Manufacturing Performance", *Management Science*, 44 (1): 1-11.

Geroski, P. A., S. Machin, and J. Van Reenan (1993) "The profitability of innovating firms", *Rand Journal of Economics*, 24 (2): 198-211.

Gordon, R. J. (2012) "Is US economic growth over? Faltering innovation confronts the six headwinds", *POLICY INSIGHT*, 63 : 1-13.

Hamel, G. "The why, what, and how of management innovation", *Harvard Business Review*, February 2006, Reprint R0602C: 1-13.
Hamel, G. and M. J. Mol (2008) "Management innovation", *Academy of Management Review*, 33 (4): 825-845.
Hanel, P. and A. St-Pierre (2002) "Effects of R&D spillovers on the profitability of firms", *Review of Industrial Organization*, 20: 305-322.
Hart, S. L. (1996) "Beyond Greening: strategies for a sustainable world", *Harvard Business Review*, Jan,-Feb.
Hart, S. L. and C. Christensen (2002) "The Great Leap", *MIT Sloan Management Review*, Fall 2002: 51-56.
Hoskisson, R. and M. Hitt (1988) "Strategic Control Systems and Relative R&D Investment in Large Multiproduct Firms", *Strategic Management Journal*, 9 (6): 605-621.
Moore, J. F. (1997) *The Death of Competition*, Harper Business.
Nair, A., L. A. Jones-Farmer, and P. Swamidass (2010) "Modelling the reciprocal and longitudinal effect of return on sales and R&D intensity during economic cycles", *International Journal of Technology Management*, 49 (1, 2, 3): 2-24.
岡田正大 (2012)「『包括的ビジネス・BOPビジネス』研究の潮流とその経営戦略研究における独自性について」『経営戦略研究』Vol. 12.
Pakes, A. (1984) "Patents, R&D, and the stock market rate of return: a summary of some empirical results", in Zvi Griliches (eds), *R&D, Patents and Productivity*, University of Chicago Press: 253-259.
Porter, M. E. (1980) *Competitive Strategy*, Free Press, Glencoe, IL.
Porter, M. E. (1985) *Competitive Advantage*, Free Press, New York.
Prahalad, C. K. and S. L. Hart (2002) "The fortune at the Bottom of the Pyramid", *stategy + business*, Reprint No. 02106: 2-14.
Prahalad, C. K. and V. Ramaswamy (2004) *The Future of Competition: Co-Creating Unique Value With Customers*, Harvard Business School Press.
Rothwell, R. (1994) "Industrial innovation: success, strategy, trends", in Dodgson, M. and R. Rothwell (eds.) *The Handbook of Industrial Innovation*, Edward Elgar Publishing.
Schumpeter, J. A. (1943) *Capitalism, Socialism, and Democracy* (6 ed.), Routledge: London and New York.
谷本寛治 (1993)『企業社会システム論』千倉書房。
谷本寛治 (2002)『企業社会のリコンストラクション』千倉書房。
Tanimoto, K. and Doi, M. (2007) "Social innovation cluster in action: a case study of the San Francisco Bay area", *Hitotsubashi Journal of Commerce and Management*, 41: 1-17.

Tanimoto, K. (2008) "A conceptual framework of social entrepreneurship and social innovation cluster: a preliminary study", *Hitotsubashi Journal of Commerce and Management*, 42: 1-16.

Vernon, R. and L. T. Wells (1991) *The Economic Environment of International Business*, 5th ed., Prentice Hall: Englewood Cliffs, NJ.

WCED (1987) Our Common Future, June 1987, Geneva, Switzerland.

Wilczynski, J. (1971) "From Extensive to Intensive Growth under Socialist Economic Planning," *Economic Record*, 47 (117): 60-76.

NEC：持続的成長のための知恵集約社会

広崎膨太郎　日本電気株式会社特別顧問

1．はじめに

　本稿では，社会の持続的成長を実現するための，"マネジメント"ではなく"知恵"について述べる。タイトルに「知恵集約社会」という言葉を使ったが，「知識」でなく「知恵」とした理由は，知識や情報から知恵を生み出すことが，新しいイノベーションや持続的成長のための鍵と考えるからである。

　NECは今後の10年を見据え，5年前の2007年にこの新しいビジョンを発表したが，その内容は図1に示すように，「人と地球にやさしい情報社会をイノベーションで実現するグローバルリーディングカンパニー」，というものである。このビジョンにおいて，私は「人と地球にやさしい」という部分が非常に重要と考えている。また，このビジョンは，NECとして，地球の持続的成長の実

図1　NECグループビジョン2017

現に向けての強い意志を示したものといえる。

2. 持続的成長のための議論と取り組み

今日，私たちは，経済危機などの喫緊の経済的な課題に直面する一方で，世界における天然資源の枯渇など中長期的な環境・エネルギーの課題にも直面している。図2に示したように，OECDよる2011年のGreen Growth宣言，国連環境計画（UNEP）のグリーン経済報告書，また，2012年6月のリオ＋20の最終成果文書など，すでにさまざまな国際的な宣言がなされ，持続可能な発展の重要性を再認識することにもなった。

私たちは，母なる自然の共生システムを維持しながら，同時に経済的な成長を達成しなければならない。これは大変チャレンジングな課題であり，この目的を達成するために私たちはイノベーションを生み出す力を高める必要がある。

図2 持続可能な成長に向けた議論と取り組み

3．持続的成長のための ICT 技術

創業から100年以上に及ぶ歴史の中で，NEC は今から35年以上前の1977年に，"C&C" という世界初のコンセプトを提唱した。これは，今日 ICT といわれているコンピュータと通信を融合した概念である。NEC は，過去何十年にもわたり，社会に貢献するさまざまな ICT システムを開発してきたが，その目指すところは，「いつでも，どこでも，誰とでも」であった。そして，次の段階は，サステナビリティ実現に向けて新しい領域を開拓することだ。

社会の持続的成長に向けては C&C や ICT の開発時に「生活の質（QOL）」を考慮する必要があり，そのため，NEC では ICT 技術にエネルギー技術を統合することに挑戦している（図4）。さらには，持続的成長を実現に向け，さまざまな知恵を生み出すことができる社会や，そこでの知識処理を支援するビジネスモデルへの変革を目指している。

図3　NEC のイノベーションの歴史と C&C

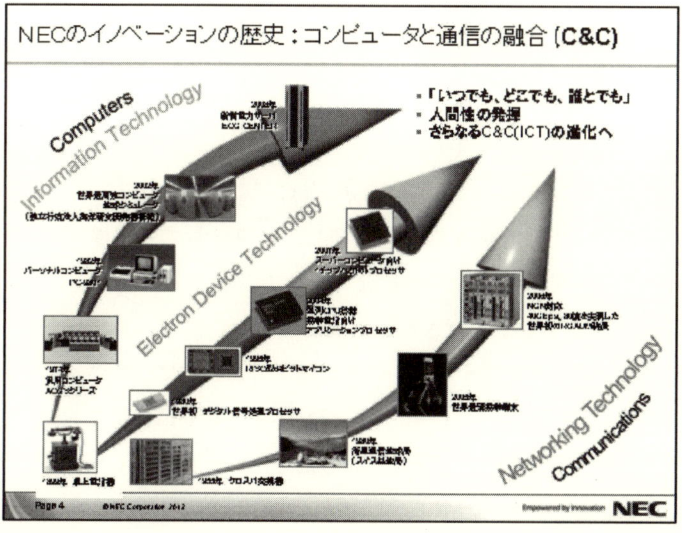

図4 エネルギー技術との統合によるICTのさらなる発展

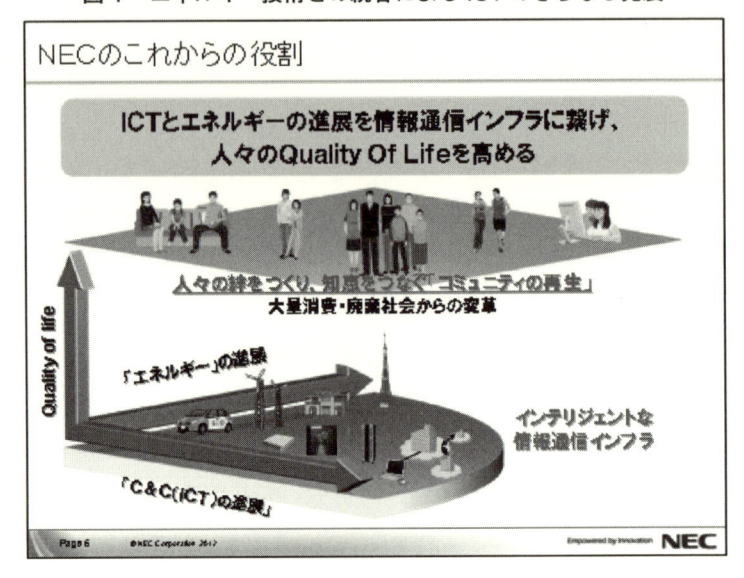

4．ICTインフラの新たな役割

　2011年の3月11日，未曾有の災害となった東日本大震災が起き，私たちはこの大災害で多くの過酷な体験をした。その中で，携帯電話などのモバイル端末だけでなく，FacebookやTwitterなどのSNSが人々のコミュニケーションに重要な役割を果たした。これらのSNSは，現地の情報を分かりやすく瞬時に海外に伝えることに大変な威力を発揮し，結果として，世界中から多数の激励や支援申し出を受け取った。このような，リアルな経験を共有できることがICTの新しい役割として認識されることとなった。
　技術的には，データを扱うコストが"ムーアの法則"に従い急速に下がり，大量のデータとクラウドコンピューティングをいかに有効に活用するか，というビッグデータの新しい方法論を開発している最中といえる。図6に示すように，大量のデータを安価に扱うことができるようになったことで高度な分析が可能にな

NEC：持続的成長のための知恵集約社会   59

図5　情報通信インフラの進化

図6　情報通信インフラのさらなる進化

り，今までは見える化できなかったさまさまざまな社会システムが見える化され，そこから新しい知識を生み出すという新たな可能性を生み出しつつある。

ビッグデータの見える化の良い例は，図7に示すようなエネルギー管理システムであろう。2012年の7月の再生可能エネルギー法施行に伴い，NECでも，家庭内の電力を自動制御できる家庭用蓄電システムを開発した。多くの家庭で太陽光パネルの設置とHEMS（ホームエネルギーマネジメントシステム）の導入が進んでいくと，興味深い点は，電力の蓄積や使用量が見える化されることで人々がHEMSの利用に慣れ，それが人々の新しいつながりを作る機会を広げるだろうということだ。たとえば支出を少なくする工夫や，生活の質を高めるための情報，知恵を交換するようになるだろう。

この例は，とてもシンプルな例だが，新しいコミュニティの形成を考える意味で重要だ。私は，このような人々の新しいつながりによって新しいコミュニティが再形成，再構築されることが，将来の持続的成長を実現していくための強力な土台になると考える。

図7　家庭用エネルギー管理システム

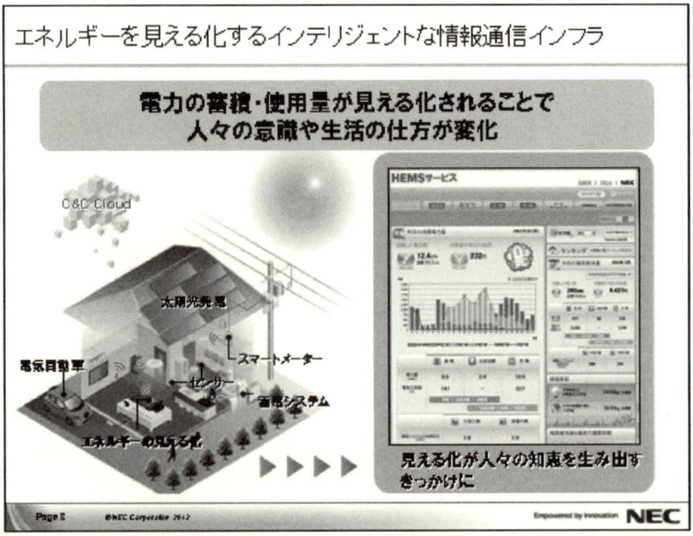

5．人々がつながり，知恵が共有される新しいコミュニティづくり

　今後は，ICT技術の発達だけでは不十分である。一人ひとりの人間が，豊富な情報や知識から知恵を生み出す能力を持たなければならない。知識からではなく，実際の行動を通して生まれた"知恵"こそが，さらに新しい知識の創出につながっていくのである。谷本教授が指摘するように，イノベーションを持続的に生み出していくことがますます重要になってきている。

　その鍵となるのは"知恵の創出"である。それは，私たちNECの信念であり，その信念に基づき，現在，ビジネスモデル，ビジネスプロセスの変革と全社改革に取り組んでいる。その目指すところは，ビッグデータ活用により，人々がつながり知恵が共有され，さらに知恵が生まれていくような持続的なコミュニティの再形成である。ビッグデータ活用の実りある成果は，私たちNECの未来への夢なのだ。

図8　情報通信インフラ活用の知恵

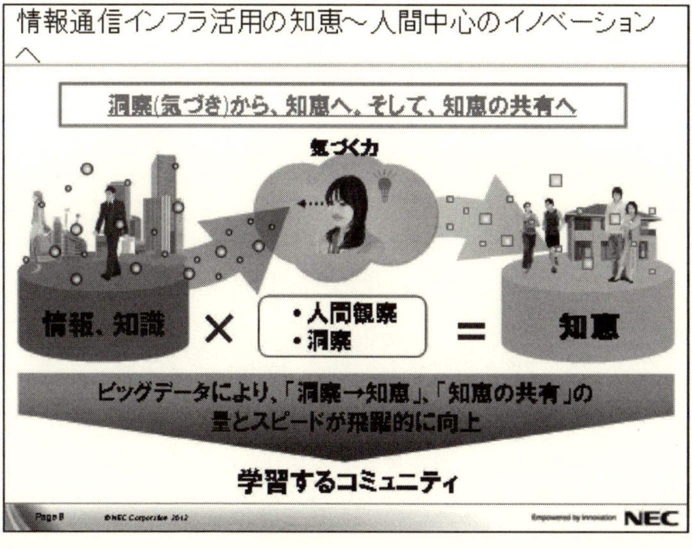

62　II 持続可能な発展をもたらすイノベーション

図9　人々の絆をつくり，知恵をつなぐ～コミュニティの再生

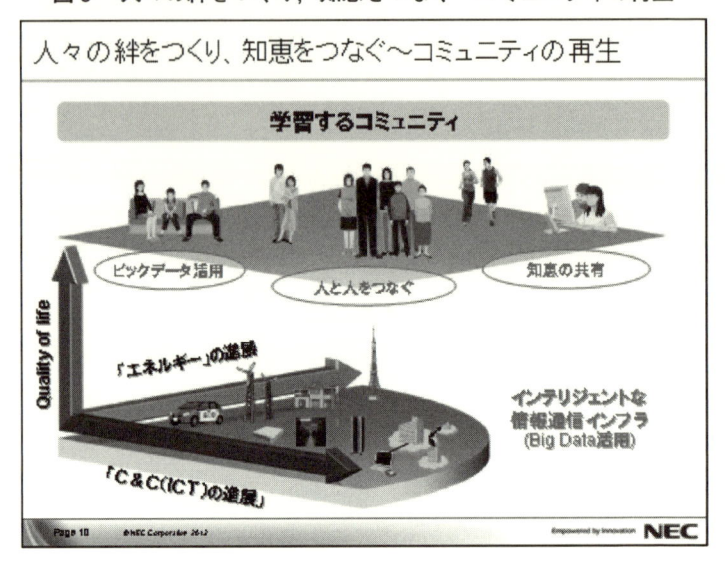

ユニリーバ:新しいビジネス・モデルの構築を目指して

レイ・ブレムナー　ユニリーバ・ジャパン・カスタマーマーケティング株式会社プレジデント&CEO
(訳:伊藤征慶　ユニリーバ・ジャパン・ホールディングス株式会社ヘッド・オブ・コミュニケーション)

1. 企業概要

　ユニリーバは,約190カ国で毎日20億人以上の消費者に選ばれている,世界最大級の消費財メーカーである。パーソナルケア,ホームケア,食品の分野で強いブランドを持ち,グループ全体の売上高は513億ユーロ,従業員数は17万3,000人を超える(2012年末現在)。グローバル・ブランドをそれぞれの国・地域のニーズに合わせてきめ細やかに展開する戦略の下,世界各地に深く根をおろし,特定の地域に偏ることなく売上を伸ばしている。日本には1964年に参入し,ラックス,ダヴ,ポンズ,リプトン等12のブランドを展開している。

2. 沿革

　ユニリーバの歴史は19世紀末,産業革命に向かうヨーロッパで始まった。当時,英国では多くの農耕地が工業都市へと変わり,人口が急激に増えつつあった。その多くは貧しい労働階級で,十分な栄養が採れず,衛生的とはいえない環境で暮らしていた。ロンドン北西部の工業地区であるベルスグリーンでは,子供たちの8割近くがほとんどパンだけの食事を摂っていたといわれる。
　こうした社会状況の中,マーガリン・ユニ社の創設者であるユルゲンスとヴァンデンベルグは,高価なバターの代替品として,マーガリンの大量生産に成功した。マーガリンは,貧しい食生活の中では不足しがちな脂肪分を手頃な価

格で摂れる製品として，オランダ国内のみならず，主な輸出先である英国やドイツでも広く受け入れられ，人々の栄養状態の改善に貢献した。

その頃，英国では，リーバ・ブラザーズ社の創設者であるウィリアム・ヘスケス・リーバ卿が「サンライト」という石鹸の製造・販売を開始した。その石鹸の箱には，リーバ卿の願いが記されていた。「この石鹸を使う人の誰もが清潔な暮らしを送れるように。毎日の家事がもっと楽になるように。健やかで美しく，充実した暮らしを楽しめるように」。リーバ卿の願いをこめた石鹸は，英国に身体や住環境を清潔に保つ習慣を広めていった。1箱の小さな石鹸が，人々の暮らしを大きく変えるきっかけとなったのである。

「サンライト」が変えたのは，消費者の暮らしだけではなかった。リーバ卿は，石鹸工場で働く人々のために，従業員向けの住宅や学校，病院等が建ち並ぶポート・サンライトという町をつくった。これは，労働者が厳しい状況に置かれていた当時としては画期的な取り組みであった。

時代は下って1930年，マーガリン・ユニ社とリーバ・ブラザーズ社の合弁により，ユニリーバが設立された。その後，ユニリーバのビジネスは世界中に広がったが，ブランドを通して人々の暮らしを変え，社会的課題の解決に貢献しようとした創始者の姿勢は，現在も脈々と受け継がれている。それを端的に表しているのが，ユニリーバの企業ビジョンである。

3．ビジョンと戦略

2009年，ユニリーバは新しい企業ビジョン「よりよい明日を創るために」を掲げた。その中には「環境負荷を減らしながら売上を2倍に」という目標が明示されている（図1）。

この企業ビジョンに続いて，2つのグローバル戦略が発表された。1つは「ザ・コンパス」である。この戦略では，「ブランドとイノベーション」，「市場」，「継続的な改善」，「人」という4つの分野で数値目標とアクション・プランを掲げている。もう1つの「ユニリーバ・サステナブル・リビング・プラ

図1　ユニリーバの企業ビジョン

> よりよい明日を創るために
>
> 私たちは毎日，よりよい未来を創っていきます。
>
> 心も体も元気で美しく，
> より充実した日々を送りたい方のために，
> そして環境や社会のために，
> 優れたブランドとサービスをお届けします。
>
> ユニリーバは，
> 皆さまとともに小さな行動を毎日続けることが，
> 世界を変える大きな力になると信じています。
>
> 環境負荷を減らしながら，
> ビジネスの規模を2倍にすることを目指して，
> ユニリーバは新しいビジネス・モデルを創出します。

ン」は，「すこやかな暮らし」，「環境負荷の削減」，「経済発展」という3つの分野で数値目標とアクション・プランを定めている。

　この2つのグローバル戦略は，補完しあい，支えあうものと考えられている。そのため，最高経営責任者をはじめとする多くの管理職が「ザ・コンパス」の定める売上目標と「ユニリーバ・サステナブル・リビング・プラン」の定めるサステナビリティ目標の両方を個人目標とし，給与・報酬に連動させている。ユニリーバにおいて，サステナビリティは「実行しておいたほうが良い慈善活動」ではなく「成功させなければならないビジネス」なのである。サステナビリティに対する決意は，最高経営責任者であるポール・ポールマンの言葉からもうかがえる。

　私たちが生きる世界は，気温上昇，天然資源の枯渇，種の絶滅の加速，貧富の差の拡大に直面しています。これはまったく持続可能とはいえません。企業は自らが果たすべき役割を明確にしなければなりません。政府がアクションを起こすのをただ見ているか，それとも自ら問題解決に乗り出すの

か。ユニリーバは，企業が問題解決の一端を担うべきだと考えています。（中略）　ユニリーバの将来的な成功は，企業としての成長を環境負荷から切り離せるかどうか，そして社会によりポジティブな影響を与えられるかの2点にかかっています。（中略）私たち企業に選択肢はありません。持続可能で公正な成長モデルだけが受け入れられるのです。

（ユニリーバ・サステナブル・リビング・プラン序文）

4．ユニリーバ・サステナブル・リビング・プラン

「ユニリーバ・サステナブル・リビング・プラン」は，前述のように「すこやかな暮らし」，「環境負荷の削減」，「経済発展」という3つの分野で2020年までの目標を掲げている。そして，それを支える柱となる7つの約束について約60の数値目標とアクション・プランを設定している（図2）。ここではその中から代表的な活動をいくつか紹介したい。

4-1．すこやかな暮らし：10億人以上にすこやかな暮らしを
（1）石鹸を使った手洗いの啓発

現在もなお毎年350万人以上の子どもが下痢や呼吸器疾患にかかり，5歳に

図2　ユニリーバ・サステナブル・リビング・プラン

すこやかな暮らし	環境負荷の削減	経済発展
2020年までに、10億人以上が、すこやかな暮らしのための行動を取れるよう支援します。	ビジネスを成長させながら、製品の製造・使用から生じる環境負荷を2020年までに半減させることを目指します。	ビジネスを成長させながら、2020年までに数十万人の暮らしの向上を支援します。

- 健康・衛生
- 食
- 温室効果ガス
- 水資源
- 廃棄物
- 持続可能な調達
- 生活の向上

詳細は　http://www.unilever.co.jp/Images/USLP_2010_J_tcm56-252032.pdf　参照

なる前に命を落としている。石鹸による正しい手洗いは，子どもたちをこうした疾病から守る安価で有効な手段である。

　ユニリーバは，石鹸ブランドの「ライフボーイ」を通じて，2015年までにアジア，アフリカ，ラテンアメリカ全域で10億人に衛生的な生活習慣を広めることをめざしている。特に石鹸を使った正しい手洗いを毎日の習慣として根づかせることに重点を置き，近年では正しい手洗いを21日間続けた子どもにご褒美をあげるプログラムや，手洗い啓発を学校のカリキュラムに組み込む取り組みも行った。これまでにインド，バングラデシュ，ベトナム，マレーシア，ケニア等の国々で手洗い啓発プログラムを実施し，2012年には7,100万人に働きかけた。また，収入の限られた世帯でも買い求めやすいよう，小容量にして価格を抑えたサシェ（小分けパック）の開発・販売にも注力している。

（2）安全な飲み水の提供
　世界では，約10億人が生きるために最低限必要な量の清潔な水を得ることができていない。途上国では，疾病の約80％が不衛生な水に起因しているともいわれる。ユニリーバの家庭用浄水器「ピュアイット」は，電気や加圧装置を使わずに有害なウィルスやバクテリア，寄生虫を除去し，下痢を最大限50％減らせる。ユニリーバでは，2020年までに「ピュアイット」を通じて5億人が手頃な価格で安全な水を入手できるようにすることをめざしている。2005年以来約4,500万人が安全な飲み水を入手できるようになった。

4-2．環境：製品のライフサイクルからの環境負荷を半減
（1）製造工程からの環境負荷の削減
　ユニリーバは，製品の製造工程からの温室効果ガス，水の使用，廃棄物の削減を図っている。具体的には，2020年までに製品の生産量が大幅に増えても，2008年と同等の水準またはそれ以下に削減することをめざす。2012年末までに，製造工程からの温室効果ガスの排出量を83万8,000トン削減（2008年に比べて生産量1トン当たり31.5％の削減），水使用量を1,300万 m^3 削減（同25％の削減），

廃棄物を7万6,000トン削減（同51％の削減）し、目標に向かって順調に進捗している。また、ヨーロッパとカナダの工場で購入するすべての電力を再生可能エネルギー由来の電力に切り替えた。日本ではすべての自社工場でゼロ・ランドフィルを実現している。

（2）環境負荷の削減につながる製品

その一方で、環境負荷の削減につながる製品の開発も進めている。製品使用後に廃棄物となるパッケージについては、2020年までに重量の3分の1を削減することをめざす。その一環として、2011年にはスキンケア製品である「ヴァセリン ピュアスキンジェリー」の容器に新デザインを採用し、世界で年間約113トンものプラスチック削減を可能にした。日本でも、制汗剤の「レセナ ドライシールド パウダースティック」のパッケージに使用するプラスチックを約90％、ヘアケアの「ラックス」のつめかえ用製品の配送用段ボール箱に使用する紙を約50％削減するといった成果を残している。

水不足の国々を中心に節水型の製品の普及も進めている。例えば、柔軟仕上げ剤入り洗剤の「ワン・リンス・コンフォート」は洗濯のすすぎに必要な水をバケツ2杯分節水できる製品だが、発売から3年でベトナムでは柔軟仕上げ剤市場の3分の1、インドネシアでは5分の1を占めるまでになった。2020年までに少ない水で高い洗浄力を発揮する洗剤を水不足の国5,000万世帯に提供することをめざす。アジアとアフリカで「コンフォート」を使っている消費者が全員「ワン・リンス・コンフォート」に切り替えて正しく使用すれば、約5,000億リットルもの節水になると試算している。

（3）持続可能な調達

ユニリーバの製品の原材料の約半分は農産物である。そこで、ユニリーバは、2020年までに原材料となる農産物すべてで持続可能な調達を実現することをめざしている。

例えば紅茶では、国際非営利環境保護団体であるレインフォレスト・アライ

アンスと提携。2015年までに「リプトン」ブランドのティーバッグに使用する紅茶すべてを同団体の認証を受けた茶園から調達することを目標に掲げた。2012年末現在で「リプトン」のティーバッグの75％に認証茶園からの茶葉を使用している。日本では2011年に「リプトン」のティーバッグに使用する紅茶を100％認証茶園からの茶葉に切り替えた（アールグレイ，ダージリンを除く）。

レインフォレスト・アライアンス認証を受けるためには，多岐にわたる厳しい基準をクリアしなければならない。世界最大の紅茶メーカーであり，世界の紅茶の生産量の約12％を購入するユニリーバが紅茶の持続可能な調達に乗り出したことは，紅茶業界全体に大きな影響を与えた。

紅茶の他に，パーム油，紙，大豆，砂糖，卵等，ユニリーバの購入量の多い原材料について同様の取り組みを進めている。中でもパーム油では，「持続可能なパーム油のための円卓会議」（RSPO）の設立メンバー/議長として，2015年までに100％持続可能な調達を実現することをめざし，既に100％を持続可能な調達に切り替えた。グリーンパーム認証の購入量は単独企業として世界最大である（2011年末現在）。

4-3．経済発展
（1）小規模農家に対する支援

前項で触れた農産物の持続可能な調達には，もう１つの側面がある。すなわち，小規模農家の生活の向上である。小規模農家の中には農産物の価格下落により貧しい生活を余儀なくされている人々が少なくない。ユニリーバは，レインフォレスト・アライアンス認証のような付加価値のある農作物を生産し，安定した収入を得られるよう，小規模農家への研修を進めている。

さらに，アイスクリームのブランド「ベン＆ジェリーズ」では，フェアトレード認証を受けた原材料調達を進めている。既にヨーロッパでは切り替えが完了し，日本でもフェアトレード認証を受けた14種類のアイスクリームを販売している（2013年１月現在）。

（2）小規模物流業者に対する支援

インドには日用品を売る店舗がない農村が数多く存在する。ユニリーバは，そうした農村で現地の女性たちに職業訓練を行い，個人事業主として訪問販売をしていただく「プロジェクト・シャクティ」を進めてきた。このプロジェクトは農村に衛生的な習慣を広めながら，社会的立場の低い女性たちの経済的・精神的自立を促す取り組みとして，国際的にも高い評価を得ている。ユニリーバでは，2015年までにインドで個人事業主を7万5,000人に増やすことをめざしている。また，この取り組みをバングラデシュ，スリランカ，ベトナム等の国々にも広げつつある。

5．新しいビジネス・モデルの構築をめざして

「ユニリーバ・サステナブル・リビング・プラン」には，3つの特徴がある。第1の特徴は，このプランが成長戦略と密接に結びついていることだ。例えば，「ライフボーイ」による手洗い啓発活動は，下痢や呼吸器疾患の予防に役立つ一方で，石鹸の売上増につながる。「プロジェクト・シャクティ」は，農村部の女性たちを豊かにしながら，製品の販路を広げている。また，「ワン・リンス・コンフォート」のようにサステナビリティに配慮した製品は，消費者に好まれるようになってきており，市場の拡大や売上成長が期待できる。

一方で，製造工程からの環境負荷の削減やパッケージ削減は，コスト削減につながり，利益ある成長を支える。農産物の持続可能な調達は，自然環境の保全だけではなく，将来にわたって原材料の安定供給が見込めるからである。成長とサステナビリティは対立しない。むしろ，サステナビリティは強力なビジネス戦略になり得るのである。

第2の特徴は，製品のライフサイクル全体を目標に組み込んでいることである。プランの策定に先立ち，ユニリーバは1,600以上にのぼる代表的な製品のライフサイクル全体からの環境負荷を算出した。その結果，製造工程からの環境負荷よりも，原材料の調達や，消費者による製品使用のほうがはるかに大き

図3　製品ライフサイクルからの温室効果ガスの排出量

26% 原料　＋　3% 製造　＋　2% 輸送　＋　68% 消費者の皆さまによる製品使用　＋　1% 廃棄

ユニリーバ調べ、2008年

いことが分かった（図3）。環境負荷を削減し，大きな変化につなげるためには，自社内で取り組みを進めるだけでは不十分なのである。

　そのため，第3の特徴として，ユニリーバは数多くのパートナーとの連携を進めている。前述のレインフォレスト・アライアンスやRSPO，フェアトレードはその一例である。そして，ユニリーバにとっての最大のパートナーは，世界190カ国の消費者である。気候変動や水不足，衛生，貧困等，現在世界が直面している問題は，個人ではどうすることもできないように感じられるかもしれない。しかし，小さな積み重ねは，大きな力になり得る。

　例えば，ユニリーバの衣料用洗剤は片手で持てる程小さなものだが，世界で年間1,250億回，1時間に1,400万回も使われている。その1回1回で，少ない水ですすげる洗剤を使えば，世界全体では年間何千億リットルもの節水になる。1杯の紅茶もごく小さなものだが，世界では1日に5,000万杯も飲まれている。もしその1回1回で，環境や人に配慮した茶園で育てられた紅茶が選ばれれば，それはきっと大きな変化につながる。

　製品を選ぶ，製品の使い方を変える，そんな毎日の小さな行動が，暮らしを変え，大きな変化につながっていく。これは1箱のマーガリンや石鹸で暮らしを変えた創始者から受け継がれるユニリーバの信念である。サステナビリティの実現に向けて，世界中の数十億の人々と小さな行動を毎日積み重ね，世界を変える大きな力にすること。それこそがユニリーバが成功する唯一の道なのだ。

参考文献

Wilson, Charles (1954) *The History of Unilever : A Story in Economic Growth and Social Change*, Volumes I & II, London, UK : Cassel & Company Ltd.（上田 昊訳『ユ

ニリーバ物語(上下)』幸書房,1968年)

Unilever (2010) Available at http://www.unilever.co.jp/Images/USLP_2010_J_tcm56-252032.pdf (Accessed February 28th, 2013)

Unilever (2012) Available at http://www.unilever.co.jp/Images/USLP_1yr_progress_2011_r_tcm56-284779.pdf (Accessed February 28th, 2013)

Unilever (2013) Available at http://www.unilever.com/images/ir_Unilever_AR12_tcm13-348376.pdf (Accessed at March 8th, 2013)

III 日本の企業社会とイノベーション

◆ 日本の企業社会とイノベーション：総論（金井一頼）
◆ 企業の取り組み：大成建設（嶋村和行）
◆ 政府の取り組み：経済産業省（西山圭太）
◆ 労働セクターの取り組み：日本労働組合総連合会（仁平 章）
◆ NPOセクターの取り組み：北海道グリーンファンド（鈴木 亨）
◆ 消費者セクターの取り組み（古谷由紀子）

日本の企業社会とイノベーション：総論

金井一賴　大阪商業大学総合経営学部教授

1．日本の企業社会の変化：企業社会を見る視点

　急激かつ急速な環境変化によって日本の企業社会に長期にわたって閉塞感が充満している。それはとりもなおさず，我が国の企業社会が多様で，急速な環境変化に適応できていないこと，つまりは，持続可能な発展ができない企業社会であったことを示している。この閉塞感から脱出し，持続可能な発展ができる企業社会とするためには，イノベーションによる我が国の企業社会の再構築が求められている。それでは，持続可能な発展ができる企業社会を創造するためには，どのようなイノベーションが求められているのであろうか。この課題に答えるためには，まずは，企業社会をどのように見るかという視点を明らかにする必要がある。

　企業社会を解明する鍵となるのが，境界で隔たれた「企業の内と外」という考え方から企業のステークホルダーという考え方への変化である。我が国においては，長い間，企業の内と外という視点から企業社会を見る考え方が支配的であった。このような伝統的な企業社会の考え方においては，企業内外の境界が明確に存在し，経営者と従業員からなる企業内と企業外に相当する市場（顧客と競合相手）が企業社会という表舞台に登場していた主要な主体であった。そして，このような企業社会においては，市場における企業の競争優位性獲得を通じた経済的価値の増大が最大の関心事であった。したがって，表舞台に登場していないそれ以外の主体の価値については，問題とならない限り，ほとんど考慮が払われることはなかったのである。

　このような企業社会の変容を促す環境変化は，90年代の初めから徐々に顕在化してきた。グローバル化の進展，価値観の多様化，自然環境の悪化，環境変

化のスピード，情報技術の進化，貧困の拡大等の変化が，ピラミッド型からネットワーク型へと企業の形態を大きく変化させるとともに，これまで企業社会の表舞台に登場していなかった多様な主体の影響力を増大させ，企業のあり方を大きく変化させてきた。このような変化とともに，企業社会に対する見方も変化し，企業社会を考えるうえでステークホルダーという用語が鍵概念として使用されるようになってきたのである。ステークホルダーという視点から企業社会を見ると，特定の企業社会を特徴づけるのは，コア・ステークホルダーとステークホルダー間の関係性であり，こうした関係性は短期的には安定しているが，取り巻く環境の変化やステークホルダーの価値観によって長期的には変容する（加藤・金井，2009）。

つまり，それまでの企業社会は，土屋（1992）が企業カプセルと表現するように，企業の境界がはっきりした疑似クローズド・システムであり，境界内の経営者，従業員がコア・ステークホルダーを形成し，顧客が二次的ステークホルダーを構成し，コア・ステークホルダーと二次的ステークホルダーが明確に分かれているという特徴を有していた。ところが，上述した環境変化により，企業社会を覆っていたカプセルが溶け出し，ステークホルダー概念を用いて表現するならば，ステークホルダーの多様化と分散化，あるいはコア・ステークホルダーの不明瞭さ（企業境界の曖昧さ）という現象が顕著になってきたのである。このような現象は，企業が一貫した戦略のもとに行ってきた結果として生じたと言うよりは，環境変化に対応した企業の存続プロセスの結果として顕在化したものである。つまり，企業の境界外からの増大する圧力に対して，企業が存続を求めてその都度対応してきた結果，企業は益々影響力を増大する多様な主体と直面する状況になってしまったのである。

我が国の企業社会の長期的な閉塞現象は，環境変化によって既存の企業システムが浸食され，多様なステークホルダーが企業社会に登場したが，必ずしも一貫した戦略的対応によるステークホルダー間の関係性の変更が行われたわけではないために，既存のイノベーション・メカニズムに変わる新たなメカニズムの創造が遅れ，異なった行動原則を有する多様なステークホルダー間の有効

なコラボレーションが生み出されていないことを示している。

2．オープン・イノベーションの可能性

　上述したような企業社会の変化は，多様なステークホルダーが参加するオープン・イノベーション（Chesbrough, 2003）の可能性を示している。オープン・イノベーションは，価値創造と価値獲得のための知識が企業内外に広く分散していることを前提に，企業内外の知識の源泉を連結するイノベーションを創造することによって，より大きな価値創造と獲得を志向することを特徴としている。ところで，これまでの企業社会で支配的であったのは，イノベーション・プロセスの大部分が一企業の境界内で進行するクローズド・イノベーションであり，このようなイノベーションに積極的に関わるステークホルダーは極めて限定的であった。イノベーション研究によると，イノベーションを創造するためには多様性，非公式性，分権性という要件が必要であり，構造的に見て，これまでの限定されたステークホルダーによって構成される垂直的企業システムはイノベーションには有効ではないことが理解できる。

　他方，多様なステークホルダーで構成される企業社会においては，オープン・イノベーションの可能性が高まる。オープン・イノベーションは，多様な人々とのコラボレーションによってのみ実現することができるからである。多様なステークホルダーが相互作用することで，イノベーションの可能性を高める異種交流が促進されることになるからである。

　このようなオープン・イノベーションの議論は，大学発ベンチャー，産業クラスター，地域イノベーション・システム等のネットワーク・イノベーションの理論と親和性を有しており，具体的な事例としては，シリコンバレー，オウルのICTクラスター，デンマークとスウェーデンにまたがるメディコンバレー等があげられる。また，Henton, et al. (1997) の地域やコミュニティ再生のイノベーションの議論も企業社会とイノベーションを考えるうえで参考になる。彼らによると，成功している地域の特徴は，コミュニティ（ヒトが生活する場

所）と経済が融合し（彼らは経済コミュニティと呼んでいる），緊密な相互交流を通じてコラボレーションが実現しているという。

　上記の諸議論から指摘できることは，多様なステークホルダーが関与する企業社会は，オープン・イノベーションやネットワーク・イノベーションの可能性を高めるが，そのためには潜在的に対立をはらむ多様なステークホルダー間のコラボレーションを促進するメカニズムが鍵となるということである。

3．社会的プラットフォームの形成と企業家活動

　多様なステークホルダーのコラボレーションを促進し，オープン・イノベーションを実現するメカニズムとして社会的プラットフォームが形成されることが必要である。ここでプラットフォームというのは，相互作用が展開されるハードな台座と機能としての「場」を併せ持つ仕組みという意味で使用している。多様なステークホルダーは，それぞれが異なった原理，原則で行動しており，ステークホルダー間のドミナントロジックが乖離しているようなケースでは，公式，非公式の様々な「場」を形成することによって密接な相互作用を行い，ステークホルダーの多様な努力をコラボレートして，オープン・イノベーションを創出することが必要となるのである。

　社会的プラットフォームの形成と言っても，大規模で，唯一のプラットフォームをイメージする必要はない。テーマやアジェンダに応じて多様なプラットフォームが形成され，多様なプラットフォームがネットワークによって繋がっているという企業――ネットワーク―プラットフォーム―ネットワーク…という重層的な繋がりを意味しており，金井（1999）はこれを「ソシオダイナミクス・ネットワーク」と呼んでいる。

　ここで注意が必要なのは，オープン・イノベーションを促す社会的プラットフォームの形成それ自体も，イノベーションであることを認識することが重要であり，しばしばソーシャル・イノベーションと言われている。つまり，多様なステークホルダーによるオープン・イノベーションの創出のためには，社会

的プラットフォームの形成というソーシャル・イノベーションが鍵となるということである。ここに，社会的プラットフォームの形成→多様なステークホルダーの協働→オープン・イノベーションというイノベーションの連鎖を見ることができ，このイノベーション・ストリームを形成することによって，マルチステークホルダーによって構成される我が国企業社会を閉塞から脱出させることが可能となるのである。

　金井（2012）は，このようなイノベーション・ストリームを企業家活動という視点から次のように議論している。企業家活動を新企業や新事業創造の企業家活動（企業家活動Ⅰ）と社会的プラットフォーム（企業家プラットフォーム）創造の企業家活動（企業家活動Ⅱ）の2つのタイプに分けることによって，2種類の企業家活動のダイナミックな相互作用と連鎖（企業家活動のミクロ-メゾループ）を通じて，多様なステークホルダーが関与するオープン・イノベーションとしての地域イノベーションを統一的に分析できることができるのである。この論理は，金井他（1994）の「社際企業家」，金井（1999）の「ソシオダイナミクス・ネットワーク」および Henton, et al.（1997）の「市民企業家」の議論をベースにオープン・イノベーションの創造を企業家活動の視点から統一的に説明しようとする試みである。

　そして，Porter & Kramer（2011）の「共有価値（shared value）」の議論も，多様なステークホルダーによって構成される社会的プラットフォームの形成なしには困難であることを認識することが肝要である。

参考文献

Chesbrough, H. (2003) *Open Innovation : The New Imperative for Creating and Profiting from Technology*, Harvard Business School Press.（大前恵一朗訳『OPEN INNOVATION：ハーバード流イノベーション戦略のすべて』産業能率大学出版部，2004）

Freeman, R. E., J. S. Harrison, and A. C. Wicks (2007) *Managing for Stakeholders : Survival, Reputation and Success*, Yale University Press.（中村瑞穂他邦訳『利害関係者志向の経営：存続・世評・成功』白桃書房，2010）

Henton, D., J. Melville, and K. Walesh (1997) *Grassroots Leaders for a New Economy*, Jossey-Bass Inc.（加藤敏春訳『市民企業家』日本経済評論社，1997）

加藤敬太・金井一賴（2009）「経営戦略論におけるステークホルダー・アプローチの可能性」『大阪大学経済学』第59巻第2号，pp. 63-77。

金井一賴（1999）「地域におけるソシオダイナミクス・ネットワークの形成と展開」『組織科学』32-4，pp. 48-57。

金井一賴（2012）「企業家活動と地域イノベーション」『VENTURE REVIEW』No. 20, pp. 3-13。

金井一賴他（1994）『21世紀の組織とミドル』産能大学総合研究所。

Porter, M. E. and M. R. Kramer (2011) "Creating Shared Value", Harvard Business Review, January-February, pp. 62-77.

土屋守章（1992）「企業の社会的責任」高柳 暁・飯野春樹編『新版経営学（1）』有斐閣。

企業の取り組み：大成建設

嶋村和行　大成建設株式会社環境本部副本部長

　本日は「大成建設のスマートシティ実現への取り組み」ということで，「建物におけるエネルギーのスマート化」と，「街レベルでのエネルギーのスマート化」の取り組みという2つのテーマで紹介したいと思う。建物については，基本的な考え方，あるいは事例や今後の見通しを示し，街レベル，つまりスマートシティについては，実現に向けてということで説明する。
　では早速，「建物におけるエネルギーのスマート化」について説明していく。基本的に，省エネの建物を作るにあたって，原則が3つある。まずは，「負荷の削減」だ。建物は，夏だと熱が入ってきて部屋が暑くなり，冬ならその反対に熱が逃げて寒くなるという負荷がかかる。また，建物の西面を全部ガラスにすると暑くなるといった「建物の形・方位」も負荷増減の要素になる。そこで，省エネを実現するために，これらの負荷を限りなく少なくする対策を施す必要がある。
　2つ目は，「自然エネルギーの有効活用」だ。冬に太陽の光を取り込むことで暖房のエネルギー消費を削減し，夏には自然の風を取り入れて冷房のエネルギー消費を削減する。また，太陽光発電を設置して消費電力の一部を賄う等，自然のエネルギーを有効に使い省エネを実現する。
　そして3つ目は，「エネルギーの高効率利用」だ。「負荷の削減」，「自然エネルギーの有効活用」を図った上で高効率のシステムを導入し，エネルギー消費を極限まで削減して行くのである。
　省エネの建物を作る際には，これら3つの原則を守って計画を進めていくことになる。
　では次に事例を紹介する。当社は，2006年に札幌に支店ビルを建てた。先ほど述べた3つの原則を基に色々な対策をし，2010年には標準ビルに比べ実績値

図1　太陽光採光システム T-Soleil

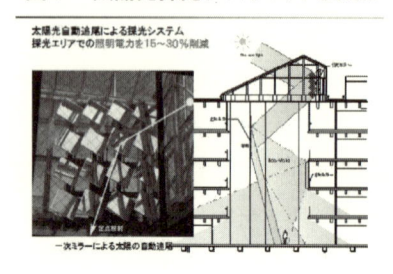

図2　太陽光採光システム T-Soleil を導入した建物内写真

でエネルギー使用量を52％削減できた。図1は対策の一例だが、太陽の光をうまく取り込むために、吹き抜けの一番上の部分にミラーを設置した。これが日中、太陽を自動追尾し、太陽光を吹き抜けに反射し続ける。その光が2次ミラーから3次ミラーへと投影されてオフィスの内部空間に太陽光を届け明るくし、その分照明の点灯率を下げ、エネルギー使用量を削減することができた。図2は建物内の写真である。自然の光を上手く使って明るさを保つことができている。

　もう1つはリニューアルの事例を紹介する。当社の技術センターが築約30年経った際に、建物を建て替えるか、あるいはリニューアルするか、どちらが良いかを建物の建設から維持、改修までのライフサイクルで検討したところ、リニューアルした方が$LCCO_2$が、11％ほど低くなるということが判明した。新築同様の内装になっただけでなく、様々なシステムを採用し、エネルギー消費量を35％削減することができた。

　図3はゼロ・エネルギー・ビル実現への当社のロードマップである。
　先ほど紹介したように2010年に札幌支店でハーフ・エネルギー・ビル（使用エネルギー量50％削減）を実現し、2012年現在のレベルは、様々な技術開発の結果、通常の建物に比べ55％〜60％ぐらいまで負荷を減らすことが技術的に可能だ。また、当初は2020年を目標にしていたゼロ・エネルギー・ビルの実現を、2014年に前倒しし、現在設計をしているところである。この計画は、ビルの75

図3 ゼロ・エネルギー・ビル実現へのロードマップ

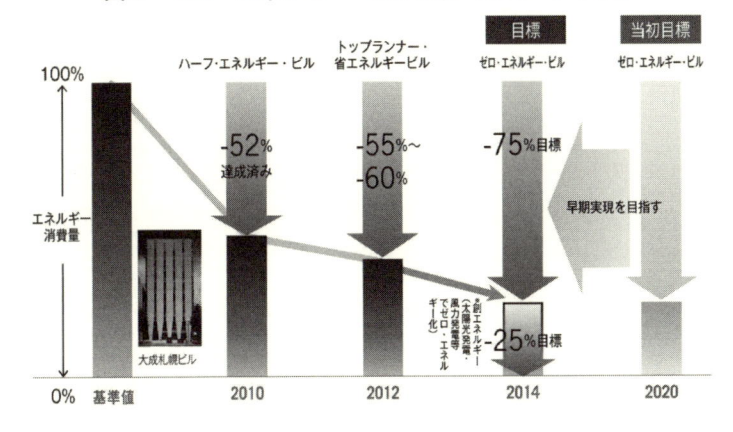

図4 計画中のゼロ・エネルギー・ビルイメージ

％の消費エネルギーを削減して，残り25％は太陽光発電や太陽熱を活用する創エネルギーで賄い，1次エネルギー消費量（石油や天然ガスなど）を合わせてゼロにするものだ。

図4が計画中のビルのイメージである。外壁は彫の深いデザインとし夏は太陽の光を遮る。さらに工夫をすることで外壁部分から上手に自然光を取り入れて，昼間は照明なしでも使えるようにしていく。こういう様々な工夫を凝らすことで，建物の基本性能を上げていきゼロを目指していく。

もう1つのテーマである「街レベルでのエネルギーのスマート化」についてだが，最近よく耳にするスマートシティが実現するためには，高度なエネルギーの供給網が整備されていること，街レベルで街自体のエネルギーマネジメントシステムが導入されていること，情報通信技術が整備されていること，インフラサービスがしっかりしていることが必要だ。

これから，街レベルのエネルギーシステムについての，当社の取り組みを紹介する。東日本大震災で原子力発電がストップし，電力供給の不足が懸念され，昼間のピーク時間帯に電気使用を減らさなければいけないというような厳しい電力需給状況に直面した。そこで，再生可能エネルギーを導入しようと考えるのだが，太陽光発電は，雨や曇りだと不安定化して，電力供給が減るということが起こるため万全の対策とはならない。

電気供給不足が起きた際，今までは建物設備で電力使用を減らすことが主流だったのだが，これからは電気が不足するといった情報が来ると，それに対して需要者側が柔軟に応える建物が求められて来ている。経済産業省の次世代エネルギー・社会システム実証のプログラムでは，神奈川県横浜市，愛知県豊田市，京都府・大阪府・奈良県3府県にまたがるけいはんな学研都市，福岡県の北九州市の4つの地域で実証がスタートしている。当社も（株）東芝様とともに，横浜スマートシティプロジェクト（YSCP）に参画している。

図5は，横浜スマートシティプロジェクトの全体像である。みなとみらいにおける実証に，横浜市戸塚区にある当社の技術センターも参加し，情報通信技術で建物をつないで，電力供給余力に合わせた需要者側での電力消費制御実証をしている。この図の中央にあるのは CEMS (Community Energy Management System) と言い，地域のエネルギー使用の実態を示す膨大なデータを自ら分析し，電力の使用を抑制，あるいは促進するという情報を発信する。それを受けて，BEMS (Building Energy Management System) がビルの設備システムのエネルギー運用管理を行い，CEMS の要請に応えている。BEMS はオフィスビルのエネルギーをマネジメントし，HEMS (Home Energy Management System) は家庭のエネルギーをマネジメントする。他には，EV ステー

図5　YSCP 全体像

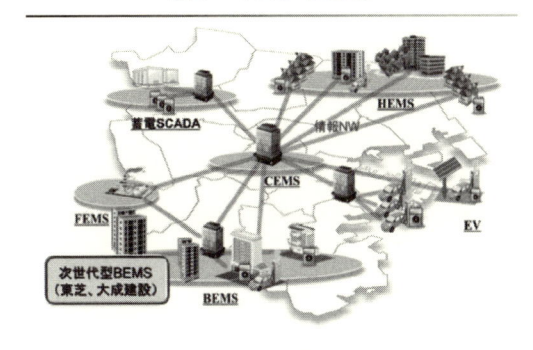

図6　エネルギー最適化のコンセプト

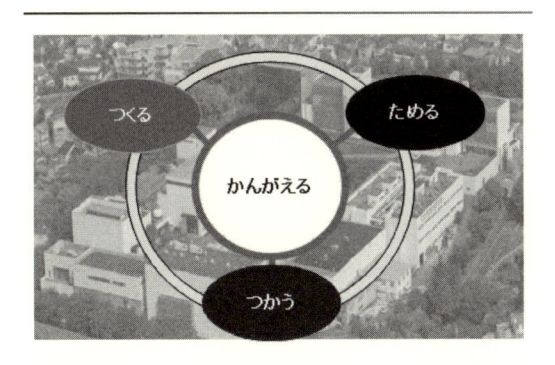

ションで電気が余っていれば電気自動車を充電する，あるいは電力の系統の中にある蓄電池に貯める等の取り組みがある。

　では具体的に当社の取り組みを紹介していく。先ほど紹介した当社の技術センターにある5棟のビルを使ったエネルギー・マネジメントの実証のコンセプトが図6だ。図中に「つくる」とあるが，これは施設でエネルギーを作り出すということであり，太陽光発電や太陽熱の利用，あるいは発電機で発電した際の排熱を利用し冷水を作る等の取り組みをしている。電気を「ためる」機能は，蓄電池が主に担うが，コストを考えると，熱で貯めるほうが合理的な場合があるため，本実証では蓄熱槽に熱として貯める機能も用意してある。また，エネルギーを「つかう」ことに関しては，高効率なシステムを構築することで，な

るべく少ないエネルギーで運用できる建物を作っている。先ほど出た，CEMSが指令を出し，それを受けたBEMSが「考える」ことで，例えば明日の午前中は雨という予報であれば蓄電池をどう使っていくか，晴れということであれば建物の使い方をどうするのか，大量の電力を使用する実験がある際にはどうするかなど，様々な状況に応じた対応を考える。本実証実験では，湿度を下げておけば温度を多少上げても知的生産性を損ねない空調になることや，照明は暖かい色なら照度が多少低くても利用者が満足すること等も確認している。このように横浜スマートシティプロジェクトでの当社の実証実験では，快適性を損なわないでエネルギー使用量を削減することや，CEMSからのデマンドレスポンスに対応していくといったことにチャレンジしている。

政府の取り組み：経済産業省

西山圭太　経済産業省経済産業政策局大臣官房審議官経済社会政策担当

1．今求められている「組替え」

　企業社会とイノベーションを考えるにあたり，今後の日本には「組替え」が必要であると考えられる。組替えという言葉はあまり馴染みがないため，より広く使われている言葉を使うならば「オープン・イノベーション」と言い換えることもできる。この「組替え」ないしは「オープン・イノベーション」が必要であることは，ここ4年ほど強く主張している。

　なぜ組替えが必要か。それはやはり，持続可能性がグローバルレベルで追求されている今，従来型の産業構造のままではもはや限界があるということである。

　今までの産業構造に限界がある，ということについては，4つの要因が挙げられる。

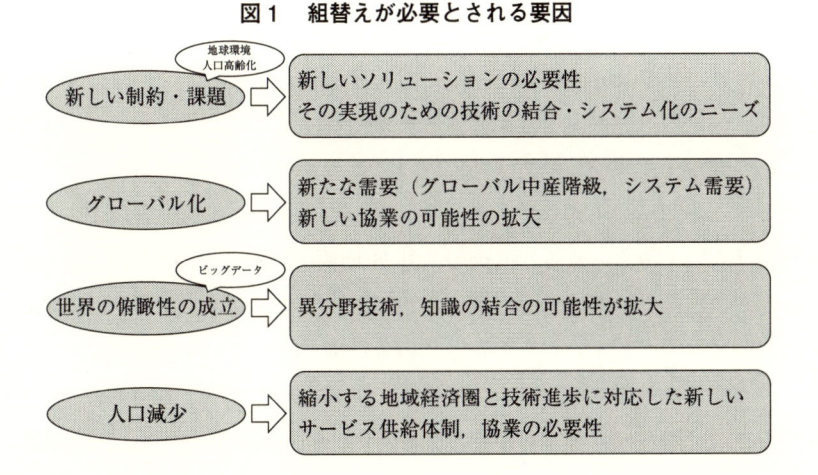

図1　組替えが必要とされる要因

要因	内容
新しい制約・課題（地球環境，人口高齢化）	新しいソリューションの必要性　その実現のための技術の結合・システム化のニーズ
グローバル化	新たな需要（グローバル中産階級，システム需要）　新しい協業の可能性の拡大
世界の俯瞰性の成立（ビッグデータ）	異分野技術，知識の結合の可能性が拡大
人口減少	縮小する地域経済圏と技術進歩に対応した新しいサービス供給体制，協業の必要性

1つ目は，様々な新しい制約・課題が登場すると，今までとは違うタイプのソリューションが必要になること。2つ目は，グローバル化が進むと，今までとは違う組み方——例えば，日本語が通じない人と組む，日本人でない人を相手にサービスを提供する，など——が必要になって来たこと。3つ目は，ある種の世界の俯瞰性が成立していること。最近言われるビッグデータのようなものであるが，日本にいながらにして世界で起こっていることについての情報を容易に入手できる中にあって，今までは考えられなかったような知識・情報を共用することができるようになって来たことである。そして4つ目は，日本に特殊な事象かもしれないが，人口の減少に伴って地域経済のあり方が大きく変わり，今までのサービス供給体制——例えば地域医療のあり方など——を変える必要があること。この4つの理由によって，組替えが必要になるのである。

組替わる前は何だったのか。一番わかりやすい例として，ピラミッド構造を挙げることができる。典型的なピラミッド構造としては，伝統的な日本の自動車産業がある。トップにアセンブラ，次の階層に部品産業，その次の階層に素材産業，という構造を成しており，上階層の造るものを供給するために下階層がある（図2参照）。

各メーカーは技術を内製化し，この構成チームによってまず日本のマーケットにものを出してから，グローバルに出て行くという形をとってきた。しかし今や，これには取り払うべき壁がいくつもある。1つ目は垂直統合の壁である。チームだけで物事を作るという壁は，取り払うべきである。2つ目は業種の壁である。例えば，建設業を従来の建設業の中だけで考えてしまうと，なかなか新しい発想が出て来ないため，業種という偏重をやめるべきである。3つ目はものづくりとサービスの壁である。日本をものづくりの国だと表現することは，適切ではないと考えられる。ものづくりが大事でないわけではないが，ものづくりとサービスとの間にあまり境界を設けるべきではない。4つ目は自前技術主義の壁である。日本が自分の持っている技術だけで何かを解決する，ということはやめるべきである。そして最後に，グローバル市場に参画することを前提にするのであれば，日本の市場でまずものを売ってから外へ出て行くという

図2　従来型の産業構造
〈これまでの産業構造…ピラミッド型〉

（ピラミッド図：グローバル市場／日本の消費者・日本の市場の壁／○○製造業（最終メーカー）／○○部品製造業（部品メーカー）／○○素材製造業（素材メーカー）／垂直統合の壁／業種の壁／ものづくりとサービスの壁／自前技術主義の壁／研究開発・製品製造）

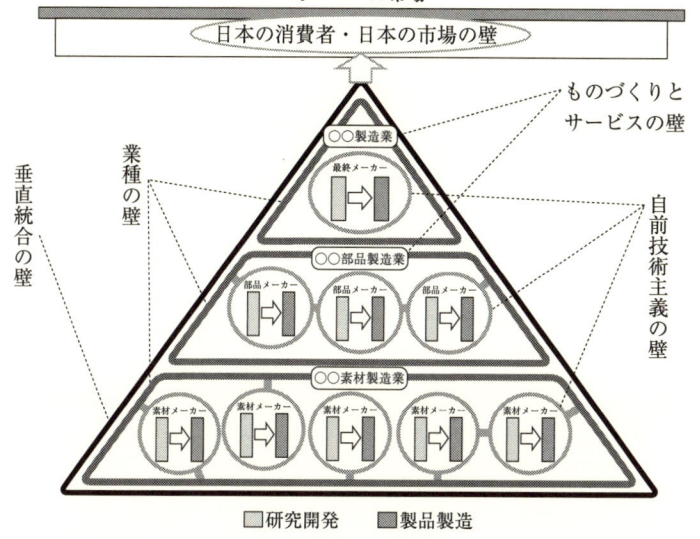

順番は，改めるべきである。この5つの壁を取り払う必要がある。

2．ミクロレベルのイノベーションからメソレベルへの発展：事例を通した検討

　先に「ミクロレベルのイノベーションからメソレベル，マクロレベルのイノベーションに発展させて展開させていくのにはどのようにしたらよいか」という問題提起がなされたが，これに関連する取り組みを少し紹介する。

2-1．具体的事例1：ミクロレベル

　組替え（オープン・イノベーション）を進めるために，2007年，産業革新機構というファンドが創設された。官民ファンドとして，投資により物事を変えることができるのでは，ということで，3年程度取り組みを進めてきた。

図3　産業革新機構のスキーム
オープン・イノベーションを通じた産業構造の転換を目的とした官民ファンド

➢ 株式会社産業革新機構は、産業や組織の壁を超えた"オープン・イノベーション"を活用し、新たな付加価値を創出する革新性を有する事業に対して、「中長期の産業資本」を提供。
➢ 取締役派遣などを通じた経営参加型支援を実践。
➢ 民間企業、民間ファンドと協業・協力。
➢ 大型案件にも対応可能な投資能力をもち、フラットな組織でスピーディな意思決定を行う。

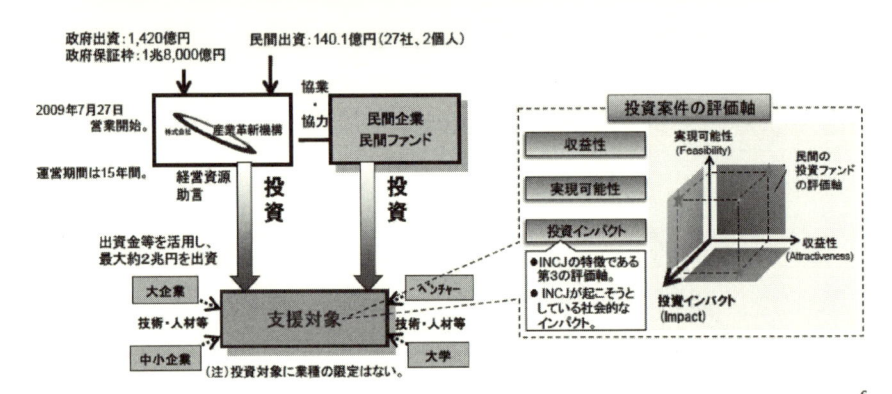

通常，オープンにプロジェクトを進めようとすると，これまで競争関係にあった人々もともに取り組むことになるため，利害対立が起こる。例えば，東芝と日立とソニーが共同で事業を展開するという場合に，このようなファンドが投資してもスムーズにはいかない。

　それがなぜ，利害対立を乗り越えられるようになるのか。いくつか理由が挙げられる。1つ目は，外生的要因としての競争圧力である。たとえ利害が対立していても，協力しなければ共倒れになってしまう状況にあるということ。2つ目は，当事者だけでは進まない場合でも，第三者が仲立ちをするということ。仲立ちしながら，しかもリスクを取る，ということがプラスに作用すると考え，オープン・イノベーションによって多様な人々がともに新しいチームを作る際の資金供給の仕組みとして産業革新機構が設立されたのである。

　そしてこれの投資先として，シリコンバレーに立地するベンチャーがある。日本人企業家が経営しており，「スマートピアノ」を製造している。

政府の取り組み：経済産業省　91

図4　ミセル社によるネット対応型ソーシャル楽器開発

投資対象：Miselu Inc.（ミセル）
事業内容：グローバル展開を図るシリコンバレーのソーシャル楽器ベンチャー
投資金額：6百万米ドル

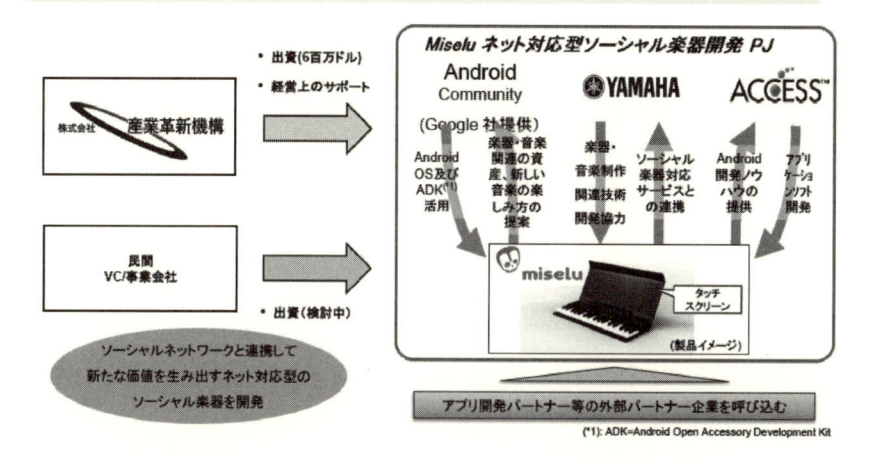

　今のところ，電子ピアノという製品そのものについては日本企業が圧倒的に強いが，今後それが変化する可能性がある，と思われている。それは，ネットワーク機能のついている iPod が市場に出てきたことによって「ウォークマン」という製品が競争力を失った，ということがかつてあったためである。つまり，ネットワーク機能がついた電子ピアノが製品化された場合にはどうなるか，という懸念が競争圧力として機能したのである。そこで，伝統的に国内外の電子ピアノ市場において圧倒的シェアを持つ YAMAHA が，新しい交流製品をともに作るため，従来は門外不出とされた，音をコントロールするチップを提供した。その結果，鍵盤やスピーカーは他社が製造する，アプリケーションは海外の企業も開発・製作に参画する，ということが起こりつつある。
　このように，今までの延長線上ではうまく行かないのではないかという懸念があったが，競争圧力の結果として協業が起こり，仲立ちと資金提供によるサポートの結果，協業が進んでいくことがある。

2-2. 具体的事例2：ミクロレベル

もう1つ，わかりやすい事例として，地方の伝統工芸の例を紹介する。

数年前，東京において外資系ラグジュアリー・ホテルの建設ラッシュが起きた際，ほとんど全てのデザインは海外のデザイナーが担当した。そのような中，ザ・ペニンシュラ東京のみ日本人である橋本夕紀夫氏がコンペの結果，デザインを担当することになった。橋本氏と話をする機会があった際，どのようなコンセプトをもって，どのようにコンペを勝ち抜いたのか聞いたところ，「コンセプトについては何も言っておらず，ただ自分が担当した場合には日本中の伝統工芸職人のネットワークを活用できるということを伝えた」という返答を得た。橋本氏のプロジェクトは，図5に図示するとおり，日本中の様々な伝統工芸の技を「組替え」て新しいホテルの内装を作ったということである。橋本氏は，伝統的技法の狭い世界の中にはなかったマーケットを新たに作り出し，土

図5　橋本夕紀夫氏によるザ・ペニンシュラ東京デザイン

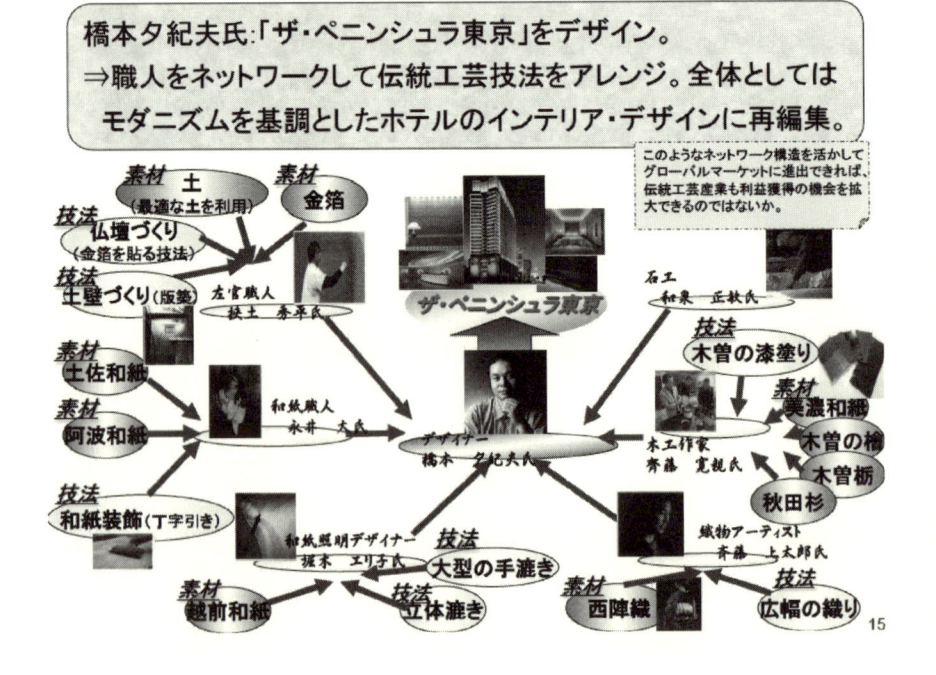

壁の技術や和紙の工芸品が生かされる，という形で貢献を果たした。その意味で，地域の持続可能性とオープン・イノベーションとは，関係していると考えられる。

2-3．具体的事例3：メソレベル

　もう一つ，メソレベルの具体的事例を紹介する。株式会社ダイセルという中堅企業のものづくりプロセスの事例である。

　酢酸セルロースなどを製造する化学メーカー，ダイセルの網干工場で，図6に示すような新しい生産革新の取り組みが行われた。生産革新としてはトヨタ方式が有名であるが，このようなプロセス産業ではトヨタ方式は有効ではない。ラインがなく，モノが動いている様子が目に見えないためである。ダイセルでは試行錯誤の結果，製造原価が20％下がることとなり，その驚異的な成果に対して見学希望が殺到した（8ヶ月待ちとのこと）。ポイントは，言葉の統一であった。会社の各部門で使われていた言葉がバラバラであったことに着眼し，徹

図6　ダイセルによるものづくりプロセス

```
(1)ダイセル方式
  ➢ ダイセル化学網干（あぼし）工場において開始された生産革新の取り組み。
    →プロセス産業には組立加工産業とは異なるカイゼン方式が必要。
  ➢ 結果として製造原価20％削減等を達成。
  ➢ 次の段階から構成。
    第1段階（基盤整備・安定化）：オペレーターの暗黙知を形式知化（「見える化」）し、
      その過程でムダ・ロスを洗い出す。
    第2段階（標準化）：熟練オペーレータの意思決定プロセスを科学的検証を踏まえて
      標準的な知見とする。（網干工場にはトラブル対処等についての数十万件のケーススタディ蓄積あり。）
    第3段階（システム化）：最適標準ノウハウを支援する観点からITを活用したシステム構
      築を行う。（たとえば「シングルウィンドウオペレーション」:)
    第4段階（全体最適化）：顧客別管理とならざるをえない営業部門と生産管理部門全体を
      最適化。このために部門間で用語を統一。

(2)横河電機との連携
    上記のノウハウを、横河電機と連携して「知的生産支援システム」として他社に販売。
    パッケージソフト販売と生産管理、人事コンサルを組み合わせたソリューションサービス。
  ➢ 横河電機からみれば「ハード売り」から「ソフト売り」への転換。
  ➢ ベンダー・ユーザー関係の改革。（＝システム部とハード営業マン任せにしないIT投資。）
  ➢ 要するに化学産業の知識産業化。
    →鉄鋼産業、エンジニアリング産業等の知識との融合へ：環境ソリューションサービス
```

底的に標準化を図り，800万ケースものノウハウを積み重ねた結果，20％の切り下げに成功したのであった。

　なぜこのケースがメソレベルかというと，ダイセルでは，工場のプロセス改善を行っただけでなく，得られたノウハウを外販しているということがあるためである。その結果，現在，日本の大手化学メーカーのほとんどがダイセルと同じ方式を使っており，それにより日本中の化学産業で言語が統一され，互いにノウハウを吸収し合うことができるようになった。このレベルまで到達すれば，プラットフォーム化したと言うことができると考えられる。

　したがって，プラットフォームの重要な鍵となるのは，このような「標準化と言語の統一」を最初に手がけた組織が，その知恵をもって儲けることができ，それがひいては持続可能性につながる，ということであると考えられる。

労働セクターの取り組み：日本労働組合総連合会

仁平　章　　日本労働組合総連合会経済政策局長

1．はじめに：働く者からみた問題意識

　シュンペーターは，イノベーションが起こらないと企業利潤は消滅し，経済は停滞すると言っている。2008年のリーマンショックに端を発する世界金融経済危機は，多くの人々の暮らしにダメージを与え，経済社会のあり方を問い直す契機ともなった。経済社会システムも含めたイノベーションについて，働く者からみた問題意識を簡単に触れておきたい。

　図1は，2012年に社会が向かっている方向について尋ねた国際世論調査の結果である。日本は，ギリシャについで悪く，将来に希望が持てない社会になっていると言える。もう一度，希望と安心を取り戻すことが，政治的にも経済社会的にも最大のテーマである。国連・潘基文事務総長は，「成長が自動的に雇用を意味するものではないことがわかった。必要なのは，job-rich recovery（雇用豊かな回復）である」（2011年11月，カンヌ L20）と，OECDグリア事務総長は，「成長の利益が自動的に貧困層にトリックル・ダウンするという仮説が吹き飛ばされた。格差是正の最も望ましい対策は，雇用をとおしてのみ実現しうる」（2011年12月，"Devided We Stand" 出版記者会見）と発言している。

　わが国の社会の仕組みや雇用の枠組みは，企業の成長を前提に形成されてきた。成長すれば働く場が生まれ，成長すれば賃金も上がると考えてきた。しかし，1990年代後半から雇用情勢は悪化し，賃金の低下，ワーキングプアの問題などが深刻化してきた。また，社会保障制度も，企業と家族に大きく依存した日本型福祉社会のほころびも目立ち，無年金，無保険で働く人も増えている。

　持続可能な経済社会モデルの再構築，社会と共存できる企業のあり方が問われており，連合は，経済成長，公正な分配，社会保障制度の再構築，税財政改

図1　国の向かっている方向

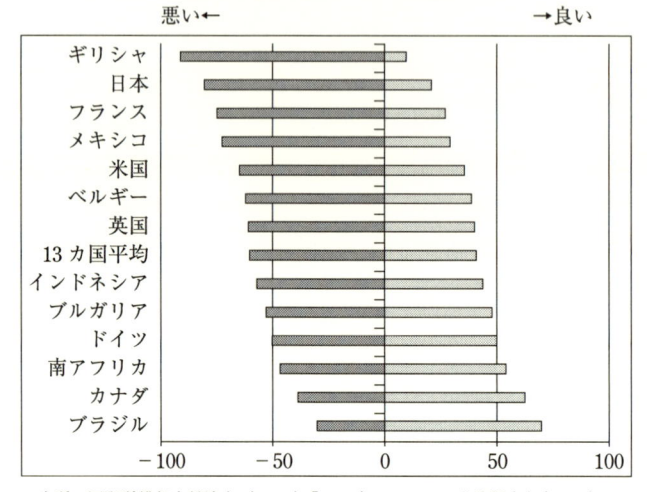

悪い← 　　　　　　　　　　　　　　　　　　　→良い

国	値
ギリシャ	
日本	
フランス	
メキシコ	
米国	
ベルギー	
英国	
13カ国平均	
インドネシア	
ブルガリア	
ドイツ	
南アフリカ	
カナダ	
ブラジル	

−100　　−50　　0　　50　　100

出所：国際労働組合総連合（ITUC）「2012年グローバル世論調査」（2012年4月調査）

図2　連合のめざす経済社会システムの改革

働くことを軸とする安心社会の実現

新成長戦略の推進	公正な分配とディーセントワークの実現	積極的社会保障政策
・デフレ脱却，安定成長軌道への早期復帰 ・2020年までに123兆円の需要と約500万人の雇用創出	・企業から家計への適正な成果の配分 →中間層の再生 ・ステークホルダー型経営，ワークルールと集団的労使関係の再構築，公正な取引関係の実現等	・対症療法型の社会保障から，能動的にディーセントな仕事や暮らしを獲得できるよう働く人・働きたい人等を積極的に支援（連合「新21世紀社会保障ビジョン」）

それらを支えるための税財政の抜本改革

税の財源調達能力の回復と再分配機能の強化を同時に実現する税制改革をはかり，その財源を新成長戦略に資する経済政策や積極的社会保障政策等に集中的に投入（連合「第3次税制改革基本大綱」）

革などトータルな改革を通じ,「働くことを軸とする安心社会」をつくろうと提起をしている。そうした経済社会システムの大きな転換の中に,イノベーションや企業の社会的責任という課題を位置づける必要がある。

2．イノベーションによる成長と雇用の回復

　成長と雇用の同時回復は,先進国共通の課題である。わが国の潜在成長率は,政府,日銀とも足下で0％台半ばとしている。一方,昨年成立した社会保障・税一体改革では,2020年まで平均実質2％成長を前提として少子高齢社会をささえあうとしている。成長力の底上げができなければ,そのシナリオは崩れてしまう。イノベーションは,人口減少社会のもとでの持続的な経済成長と良質な雇用の創出を実現するために重要である。また,エネルギー・環境問題,人口問題,健康問題,食料問題など,人類がこれから迎える課題を先取りして成長の限界を乗り越えていくうえでも必要なことである。連合としての課題および克服の方向性は以下の通りである。

【現在の問題点】
①イノベーションを起こす力が弱まっている。
②社会が必要としている潜在的なニーズと資源を投入しているイノベーションがうまくかみ合っていない。
③知的財産権の保護について,新たなイノベーション促進とのバランスを含め,国際的な動向への対応が不十分である。
④イノベーションに関わる計画・予算・権限が省庁縦割りで行われている。
⑤新たなイノベーションがもたらす経済社会への影響を発信し,社会全体で取り組んでいく視点が弱い。

【課題の克服に向けて】
①グリーン・イノベーションとライフ・イノベーション等に資源を集中して,「コア技術」の開発と産業化にむけた「産官学金労」の連携を強化すべき。
②イノベーションを経済成長と国民生活の維持・向上に結びつける「一貫性あ

る戦略」を描くべき。基礎技術を産業化に結びつける，省庁，官民横断的なプラットフォームが必要。
③総合科学技術会議を抜本的に見直し，科学技術，知的財産戦略の司令塔を確立すべき。
④イノベーションを担う人材の裾野をひろげるべき。
⑤イノベーションがもたらす変化を見通し，産業構造の展望と構造転換に伴う「公正な移行」について，政労使で協議する場が必要。

　働く者の立場から，イノベーションを担う人材について，補足しておく。ややもすると，傑出した個人による非連続なイノベーションに焦点があてられがちだが，わが国の強みは，研究・生産・流通・販売それぞれのプロセスの中で「普通の人」が起こす小さなイノベーションの積み重ねにある。現在，団塊の世代が抜け，労働力の非正規化が進み，忙しすぎて後輩の指導ができないという職場も少なくない。人材育成について企業が抱える上位2つの課題は，「指導する人材不足」，「育成・指導する時間がない」である（厚生労働省「能力開発基本調査」）。企業における「人材への投資」の復活と人材育成のための社会的インフラの整備が急務である。

【企業内での人材育成の強化】
①一人あたり教育訓練費は，1991年の1,670円/月から2011年には1,038円/月へと減少しており，非正規労働者を含め「人材への投資」を増やすべき。
②「行き過ぎた成果主義」を修正し，将来を展望して人材を育て活用する持続可能な人事制度を再構築すべき。
③ワークライフバランスを実現し，多様な人材が活躍できる環境を整備すべき。

【社会的インフラの整備】
①企業任せの人材育成からの転換をはかる一助として，キャリア段位制度の活用などによる社会的能力評価・育成・就業を連携させる仕組みを整備すべき。
②教育訓練と生活保障を組み合わせた求職者支援制度を拡充するなど，雇用に関わる社会的セーフティーネットを強化すべき。
③2012年に雇用戦略対話でとりまとめた「若者雇用戦略」を実践し，学校から

仕事への橋渡しを強化し，フリーター半減を実現すべき。

3．企業の社会的責任を通じた公正な分配の実現

　企業と社会の関係を見直すことも広い意味でのイノベーションと言える。社会の持続的発展は，経済成長だけで達成できるわけではなく，その分配が公正であること，成長を達成するためのプロセスが社会と共存しうる倫理的な行動であることが不可欠である。

　金融のグローバル化が進展する中で，ROE等投資に対する収益性や株式時価総額などが企業の評価基準として重視されてきたが，企業の社会的責任という視点から，消費者・労働者・バリューチェーン・地域社会・国際社会など多様なステークホルダーによる企業統治が重要との考え方も強まっている。連合は，①生産性三原則（生産性向上，雇用の安定，公正な分配）の実現，②投機マネーの規制強化と社会的責任投資への挑戦，③会社法の見直しと国際会計基準（IFRS）への対応，④公契約条例の制定などに取り組んでいる。

　紙面の制約上，労働組合が行う社会的責任投資に絞って説明する。連合は，「ヘッジファンド，PEファンドなどに関する政策的課題と対応の考え方」（2007年9月）や「企業法制および投資ファンド規制に関する連合の考え方」（2009年1月）などを取りまとめ，その中で，社会的責任の検討を進めてきた。しかし，労働組合は，労働者が拠出した年金基金などについて，運用結果には関心を寄せるものの，運用方針の決定や投資先企業の選定など運用プロセスには積極的に参画してこなかった。また，投資家として，企業行動に影響を与え得ることも十分に考慮してこなかった。世界金融危機の反省を踏まえ，会社にCSRを求めるだけでなく，労働組合自らできることとして2010年12月に「ワーカーズキャピタル責任投資ガイドライン」をとりまとめた。そのポイントは，以下の通りである。

【ガイドラインのポイント】
①投資判断に環境・社会・企業統治など非財務的要素を考慮する。

②労働者（労働組合）の権利保護を考慮する。
③過度に短期的な利益追求を助長させる行動を排除し，中長期的かつ安定した収益の確保に努める。
④運用方針，または責任投資の手法を明示し，透明性の高い運用に努める。
⑤投資先企業に反倫理的，または反社会的な行動などがみられた場合，経営陣との対話や株主議決権行使など適正な株主行動をとる。
⑥運用受託機関に対しても，責任投資を求め，責任投資を資産運用においてメインストリーム化していく。

参考文献
日本労働組合総連合会「働くことを軸とする安心社会」http://www.jtuc-rengo.or.jp
日本労働組合総連合会「イノベーションによる成長と国民生活の向上に向けて」第6回国家戦略会議提出資料（2012年7月4日）。
日本労働組合総連合会「労働組合のためのワーカーズキャピタル責任投資ガイドラインハンドブック」（2011年8月）。

NPOセクターの取り組み：北海道グリーンファンド

鈴木　亨　　特定非営利活動法人北海道グリーンファンド理事長

1．はじめに

　1998年「特定非営利活動促進法（通称NPO法）」が施行され，市民活動団体（非営利活動）も法人格を得られるようになった。それまでの非営利活動（公益法人制度）は，主務官庁による設立許可と監督が必要であったが，1995年の阪神・淡路大震災を1つの契機に誕生した新しい法人制度（NPO法）は，市民が行う自由な社会貢献活動の促進を目的としており，現在全国約4万7千団体が，福祉，まちづくり，文化，環境，国際協力などの社会課題の解決に向けて活動している。

　北海道グリーンファンドはNPO法が施行された翌年7月，環境・エネルギー分野において活動する団体として設立した。1999年当時の呼びかけ文には「現代社会の異常なほどのエネルギー消費は，すでに限界に達しつつあることは誰もが気づき始めており，このまま大量に生産し，消費し，廃棄する社会のあり方を続けていけば，まちがいなく21世紀には限界を越え，地球環境とあらゆる生命の破滅的な危機に向かわざるを得ない」という記述がある。国際エネルギー機関（IEA）は産油量がピークとなる，いわゆるピークオイルを2006年に迎えたと推定しており，今後は徐々に産油量が減少していくと予想している。ガソリン・灯油などの資源価格の高騰は世界中で資源争奪戦の様相を呈しかねない状況を引き起こしており，まさに恐れていた事態が起きつつある。

　北海道グリーンファンドでは，このような危機を回避するには，社会全体でエネルギーの消費を抑制，削減し，自然エネルギーの利用を大胆にすすめる社会の実現が不可欠であると考えている。その実践活動の1つがグリーン電気料金制度であり，市民風車である。

2. 北海道グリーンファンドの取り組み

北海道グリーンファンドでは次の2つを活動の柱に据えている。
① 「グリーン電気料金制度」
　会員が，月々の電気料金に一定率の「グリーンファンド」を加えた額を支払い，グリーンファンド分を再生可能エネルギー普及のための「基金」にする。グリーンファンド分を定率にする理由は，環境保全のために必要な社会コストを，応分に負担し合おうという考え方からである。また，グリーンファンド分を節電することで，その分だけ環境負荷を下げ，環境保全に貢献することにもつながり，基金をもとに市民風車など新たな再生可能エネルギー事業等を生み出している。
② 「市民風車」など地域主導の再生可能エネルギー事業
　グリーンファンドを原資に，市民の手による自然エネルギー発電所づくりをすすめ，発電事業に取り組む。

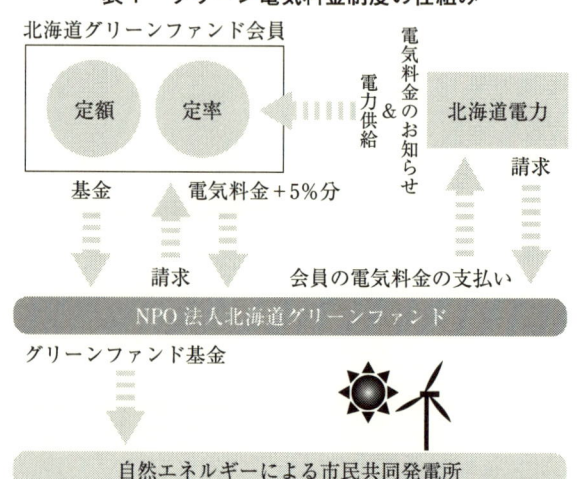

表1　グリーン電気料金制度の仕組み

このプログラムにおいて市民，地域の果たす役割は大きい。両者において市民に求めているのは，市民自らの意思を持って資金（寄付，出資）を拠出し事業に参画することである。これはすなわち，市民による再生可能エネルギー事業への参入であり，こうしたグリーンな電力を生産することで市場を動かし，再生可能エネルギーを電力市場の主役に育てるという実践的政策提言を行なっているのである。

こまごまとした節電，省エネの奨励を黙って受け入れ実行するという役割に押し込められていた市民の意思は，このような仕組みをつくることで，具体的に表すことができる。北海道グリーンファンドに賛同し，会員として参加する市民は約1,000名。市民風車への出資参加は延べ約4,000名，約23億円もの出資金を集めている。

3．市民出資型風力発電事業

NPO法人としてスタートした北海道グリーンファンドではあるが，2001年に株式会社市民風力発電（以下CWPという），2003年には株式会社自然エネルギー市民ファンド（以下JGFという）を設立している。NPO法人は出資を募り配当することができない。再生可能エネルギー事業を行なうため，必要な機能を果たす法人を作り，役割を分担してきた。CWPではその名のとおり，主に風力発電事業の開発，保守管理を行なっている。風力発電事業の実施には用地の選定，風況観測は1年以上と長期にわたり，専門的な知識が必要である。また，資金調達においては，そもそも金融機関に再生可能エネルギー事業に対する融資の経験が乏しく，プロジェクトそのものの評価を行なうことができないという課題がある。この状況を打開するため，事業資金を調達するためのファンド会社を設立した。それがJGFである。北海道グリーンファンドは自らの事業のみならず，市民による地域主導の再生可能エネルギー事業を推進するため，CWP，JGFとともに各地の事業化支援を行なっている。

表2　市民風車一覧

	風車愛称	事業主体	設置場所	風車機器	定格出力(kW)	運転開始	総事業費	出資総額(百万円)	出資者数
1	「はまかぜ」ちゃん	株式会社浜頓別市民風力発電	北海道浜頓別町	Bonus社 990kW 1基	990	2001年9月	約2億円	141.5	217
2	市民風車わんず	一般社団法人グリーンエネルギー鯵ヶ沢	青森県鯵ヶ沢	GE Wind Energy社 1,500kW 1基	1,500	2003年2月	3億8千万円	178.2	776
3	天風丸(てんぷうまる)	特定非営利活動法人北海道グリーンファンド	秋田県潟上市	Repower Systems社 1,500kW 1基	1,500	2003年3月	約3億7千万円	109.4	443
4	かりんぷう	一般社団法人いしかり市民風力発電	北海道石狩市	Vestas Wind Systems社 1,650kW 1基	1,650	2005年2月	約3億3千万円	235	330
5	かぜるちゃん	一般社団法人グリーンファンド石狩	北海道石狩市	Vestas Wind Systems社 1,500kW 1基	1,500	2005年2月	約3億3千万円	235	266
6	「まぐるん」ちゃん	一般社団法人市民風力発電おおま	青森県大間町	三菱工業(株) 1,000kW 1基	1,000	2006年3月	約2億5千万円		
7	風こまち	一般社団法人秋田未来エネルギー	秋田県秋田市	Repower Systems社 1,500kW 1基	1,500	2006年3月	約3億3千万円		
8	竿太郎(かんたろう)	一般社団法人あきた市民風力発電	秋田県秋田市	Repower Systems社 1,500kW 1基	1,500	2006年3月	3億5千万円	860	1,043
9	かざみ	一般社団法人うなかみ市民風力発電	千葉県旭市	GE Wind Energy社 1,500kW 1基	1,500	2006年9月	約3億4千万円		
10	なみまる	一般社団法人波崎未来エネルギー	茨城県神栖市	GE Wind Energy社 1,500kW 1基	1,500	2007年7月	約3億5千万円		
11	かなみちゃん	特定非営利活動法人北海道グリーンファンド	北海道石狩市	Ecotecnia社 1,650kW 1基	1,650	2008年1月	約4億2千万円	235	319
12	のとりん	一般社団法人輪島もんぜん市民風車	石川県輪島市	Repower Systems社 1,980kW 1基	1,980	2010年3月	約5億3千万円	299.5	405
13	風民(ふうみん)	一般社団法人このうら市民風力発電	秋田県にかほ市	日立製作所／富士工業 1990kW 1基	1,990	2012年3月		−	−
14	夢風(ゆめかぜ)	一般社団法人グリーンファンド秋田	秋田県にほか市	日立製作所／富士工業 1990kW 1基	1,990	2012年3月		−	−
				合計	21,750		合計	2293.3	3799

4．再生可能エネルギーをめぐる状況

　環境省が行なった「平成22年度再生可能エネルギー導入ポテンシャル調査報告」によると日本国内における再生可能エネルギーの資源量は約20億kWと試算されている。この全資源量の9割強にあたる約19億kWを風力発電が占

めており，洋上では25％（約4億kW），陸上では約半分（約1.4億kW）が北海道内にある。この豊富な資源の利用を阻むのが，貧弱な送電網である。現在，北海道電力が可能としている風力発電の連系容量は56万kWだが，道北地域の送電線を強化するだけで約400万kWまで設備容量を増やすことができると国は試算している。送電網の早急な強化，整備が求められている。一方，2007年7月の再生可能エネルギーによる固定価格買取制度の効果により，再生可能エネルギー設備の導入が進んでいる。そのほとんどが太陽光発電によるもので，道内におけるメガソーラーの設備認定申請は50～60万kWで，まもなく北海道電力の送電能力の限界に到達するといわれている。

こうした背景を抱え，導入のスピード，規模を支える資金力を有する大手企業のプロジェクトが競うように広がっている。一方で市民や地域の企業等を中心とした地域主導の取り組みは，事業化のノウハウ，資金力など地力に差があることは自明の理といえる。しかし本来，地域の再生可能エネルギー資源は，地域が主体となって利活用を考え，エネルギーとそこから得る利益などを地域で循環させるべきであり，その仕組みづくりが重要である。

送電アクセスについて地域主導の再生可能エネルギー事業への優遇措置，地域金融機関による再エネ事業への融資を後押しするための政策支援等，考えられる取り組みはいくらでもある。

地域で生み出されるエネルギーや食料，こうしたものが生み出すお金が地域を循環することなく，首都圏など大手企業に集約されていくことになれば，地域の自律した生活など営まれることは難しいのである。

5．おわりに

2001年に北海道・浜頓別町に第1号機が誕生してからこれまで11年間で14基の風力発電建設に取り組むことができた。風力発電機自身は，他の企業の取り組みと姿に変わりはない。しかし市民風車として取り組んできたものには，風車タワーに寄付や出資をした会員，一般市民の名前が記されている。拠出した

本人ではなく，こどもや孫の名前を記す方も増えており，持続可能な社会の実現を真に願う姿もそこから感じられるのである。

また2012年3月，秋田県・にかほ市で，これまでとは少し異なる取り組みとして，2基の風車が運転を開始した。これまでは地域の電力会社（秋田県であれば東北電力）に発電した電力を売電していた。しかしこれらは，電力会社以外の電力小売会社（新電力）を通じて，東北・秋田で作った電気を首都圏の施設で使うために送電している。2基はそれぞれ別の企業に売電をしており，ワタミ株式会社と生活クラブ生活協同組合（東京，神奈川，千葉，埼玉）である。それぞれ風車建設から売電のスキーム作りまで，企業と市民がコラボレーションすることで，誕生した。

エネルギーの分野で企業の役割はいくつかあるが，このような地域の再生可能エネルギーの電気を企業が積極的に購入するべきではないか。今までの余裕資金の一部を使った旧型の社会貢献は業績に左右され，一過性のものに終わる可能性もある。また地域や市民は常に受身となる。そうではなく，投資として，地域とともに再生可能エネルギー事業に携わり，投資をして適正な利益を取りながら，持続可能に社会貢献をしていくといったようなやり方がこれから必要になるのではないか。

消費者セクターの取り組み

古谷由紀子　公益社団法人日本消費生活アドバイザー・コンサルタント協会常任顧問

1. はじめに

　持続可能な発展は今や世界共通の認識になっており，企業にも持続可能な発展の取り組みの要請が高まりつつある。そこで企業は消費者やNGOなどのステークホルダーとの対話などを通して，持続可能な発展のために取り組んでいるといえるだろう。
　本稿では，持続可能な発展への企業の取り組みについて，市場におけるもう一方の当事者である消費者の役割を論じ，併せてそれに関わる消費者の連帯組織である消費者団体の役割も論ずるものである。

2. 持続可能な発展と消費者の関わり

　持続可能な発展のためには持続可能な発展を阻害する，あるいは持続可能な発展を促進するための課題，それは社会課題と呼ばれるが，その社会課題を解決していくことが必要となり，そのために企業にはイノベーションが求められると考えられる。このような企業のイノベーションに対し，消費者および消費者の連帯組織はどのように関わっているのか，また今後どうあるべきだろうか。

3. 持続可能な発展における社会課題と消費者

　持続可能な発展のために求められる社会課題に対して消費者もその解決にあたって果たすべき役割がある。しかし，消費者の役割への検討にあたっては考慮すべき点も多い。なぜならば消費者の置かれた現状によってはその役割を果

たすことが困難である場合，あるいは他のセクターの取り組みがなされなければその役割を果たせないこともあるからである。

　企業と消費者の関係は市場における商品・サービスの販売・購入を中心とした関係であり，市場経済においては対等な当事者を想定しているが，現実の市場では両者の関係は情報や交渉力において格差が存在する。このような実態上の格差は消費者の商品等の選択上の不利益や商品等からの被害など，消費者にマイナスの影響を及ぼすことも稀ではない。従来，消費者や消費者団体はこのような企業活動のマイナス面に着目していたといっても過言ではない。しかし，消費者は企業にプラスの影響を及ぼす存在でもある。例えば，消費者が価格のみではなく環境に配慮した商品を購入することによって環境課題の解決の一端を担うことが可能であり，消費者の行動が企業にインセンティブを働かせ，市場の変化につながるはずである。

　そこで消費者が社会の持続可能な発展について政府や企業にのみ委ねるのではなく，ともに責任を担っていくためには何が必要であるのだろうか。第一に，消費者は企業からマイナスの影響を受ける存在という認識からプラスの影響を及ぼすことによって市場を変革し持続可能な発展を担う存在でもあるという意識の変革が必要である。問題企業・商品への不買運動だけではなく，社会課題を解決するための商品・企業の選択への行動などが必要のためには意識の変革が求められる。第二に，企業の情報開示が必要となる。消費者の適切な行動のためには消費者の努力のみでは限界があり，前提として企業の情報開示が欠かせない。第三に，主体的に行動できる消費者を育成するための消費者教育が必要である。2012年8月消費者教育推進法が成立した。この法律には「消費者市民社会[1]」の概念が導入されたことから，消費者教育について，従来の消費者被害の救済型から持続可能な社会を構築する主体としての消費者教育が期待さ

（1） 消費者市民社会とは「消費者が，個々の消費者の特性及び消費生活の多様性を相互に尊重しつつ，自らの消費生活に関する行動が現在及び将来の世代にわたって内外の社会経済情勢及び地球環境に影響を及ぼし得るものであることを自覚して，公正かつ持続可能な社会の形成に積極的に参画する社会をいう」と規定されている。

れる。第四に，企業の持続可能な発展への評価，支援，協働などが必要となる。

4．持続可能な発展に関する消費者動向

　持続可能な発展に関する動向として，消費者が関わる主なものとして，ISO26000と社会的責任に関する円卓会議の2つの取り組みを挙げる。

4-1．「持続可能な消費」の取り組みについて
　2010年11月発行された ISO26000（組織の社会的責任の手引き）は，表面的には消費者自身に責任を定めてはいないが，同規格の「消費者課題」の1つである「持続可能な消費」は消費者の責任ある行動を求めている。組織には教育や情報提供などによって消費者に責任を促すための取り組みを期待している。
　また消費者団体の国際組織である Consumer International（国際消費者機構）では2011年の世界大会のテーマの1つとして「持続可能な消費とグリーン経済[2]」を掲げ，2012年開催の「地球サミット2012（リオ+20）」においても「持続可能な発展」は CI の重要な課題であるというメッセージを発信している[3]。消費者団体が持続可能な社会の実現に積極的に参画をし始めているといえる。

4-2．社会的責任に関する円卓会議について
　「政府だけでは解決できない社会的課題に対して，広範な主体が協働して自ら解決に当たるための新たな"公"の枠組み（マルチステークホルダー・プロセス）」として，「安全・安心で持続可能な未来に向けた社会的責任に関する円

（2）　CI Web サイト "CONGRESS INFORMATION (http://www.consumersinternational.org/news-and-media/world-congress-2011/congress-information, 2012.9.16アクセス)
（3）　CI Web サイト "Millenium Consumption Goals:a real and meaningful target for Rio+20?" (http://www.consumersinternational.org/news-and-media/news/2011/03/earth-summit-2012-mcg, 2012.9.16アクセス)

卓会議[4]」(以下,「社会的責任に関する円卓会議」という) が設立されている。
　そこでは消費者団体は「人を育む基盤の整備」などの社会課題[5]の解決について,事業者団体など他のステークホルダーとともに主体的に活動を行うようになっている。

5．企業事例と消費者

　持続可能な発展に関わる具体的な企業事例を紹介し,消費者の関わりについて考察する。以下,三事例を紹介する。

5-1．環境情報の開示による環境負荷削減の取り組み
　ユニリーバにおいては,2020年までに製品のライフサイクルからの環境負荷を半減するために,同社の製品のラフサイクル全体からの CO_2 の排出量を示し,同時に家庭での使用時の排出量が68%であること,家庭での CO_2 の削減方法もデータをもとに示している。同社の情報開示は消費者の具体的な行動を促す有効な方法と考える。メッセージに傾きがちな日本企業の情報開示と異なる。

5-2．金融商品における環境への取り組みと消費者
　東京海上日動では,消費者の「Web約款」の選択や「参加型の環境保護活動」などをもとに「エコマーク」を取得している[6]。この取り組みは消費者のメリットを見える形で示し,消費者の協力を得るという方法といえる。

---

(4) 2009年3月19日に設立趣意書が公表されている。内閣府Webサイト (http://sustainability.go.jp/forum/about/index.html, 2012．8．28アクセス)
(5) 社会課題は次の4つを設定している。①「人を育む基盤の整備」,②「ともに生きる社会の形成」,③「地球規模の課題解決への参画」,④「持続可能な地域づくり」
(6) 財団法人日本環境協会エコマーク事務局Webサイト (http://www.ecomark.jp/ecomarkdb/10147001.html, 2012．9．16アクセス)

5-3．企業と消費者の協働による取り組み

　花王では2009年6月に環境宣言を発表し，「いっしょに eco」をテーマに活動をしている。これは「お客さま」「パートナー」「社会」といっしょに，技術革新をベースに消費者の声を重視し，啓発も行いながら，ステークホルダーと協働して取り組むものといえる。

6．消費者団体事例

　消費者団体における持続可能な発展に関する取り組みはまだ十分ではないのが実態である。しかし，NACS では消費者問題の専門家という会員の特性を活かした多様な取り組みが行われている。例えば環境委員会作成の冊子「商品の一生を知ろう」は社会の持続可能性や生物多様性などの環境問題や生産地で働く人の社会的公平性などについて問題提起するとともに，消費者への啓発の内容となっている。また NACS の有志による「食のリコールガイドライン」の提案は事業者の協力をもとに現状のリコールの課題解決を提案するものである。さらに NACS 消費生活研究所ではエネルギー問題と暮らし，自立する消費者の教育など持続可能な発展に関わるテーマなどについて研究調査が行われている。

7．お わ り に

　持続可能な発展を考えるとき，欠かせないのは「わたしたちはどのような社会・未来を望むのか」，そしてそれをどのように実現させるのかという「社会デザインを描く」という発想ではないだろうか。ともに描く未来のために，それぞれのセクターがそれぞれの役割を果たし，同時に協働で取り組むことによって，お互いの差異や対立を超えて持続可能な発展のための社会課題を解決することができると考える。消費者もその役割も担っていかなければならない。

参考文献
企業 Web サイト（ユニリーバ，東京海上日動，花王），アクセス2012. 9. 16
財団法人日本環境協会 Web サイト，アクセス2012. 9. 16
消費者団体 Web サイト（CI, NACS），アクセス2012. 9. 16
省庁 Web サイト（消費者庁，内閣府，外務省），アクセス2012. 9. 16
関　正雄（2011）『ISO26000を読む』日科技連
日本規格協会編（2011）『ISO26000：2010社会的責任に関する手引き』日本規格協会

IV 特別論文

◆ 消費を通じた社会的課題解決（大平修司，薗部靖史，スミレ・スタニスロスキー）

消費を通じた社会的課題解決

大平修司　千葉商科大学商経学部准教授
薗部靖史　高千穂大学商学部准教授
スミレ・スタニスロスキー　早稲田大学商学学術院助手

1．はじめに

　本研究の目的は，2次データを用いて，探索的に日本で消費を通じて社会的課題の解決を図るソーシャル・コンシューマー（Social Consumer：SC）の特徴を検討することにある。具体的には，東日本大震災後の消費者の社会貢献意識に関する2次データを用いて，デモグラフィックスおよびサイコグラフィックスの点から，日本のSCの階層性とその階層ごとの特徴を明らかにする。

　本研究の背景として，東日本大震災をきっかけに，日本の消費者に社会貢献の意識という点で大きな変化があったことが挙げられる。震災以前の消費者の意識は，内閣府（2008）が自分の消費で社会は変わると考える人が約6割に上り，「社会を変える存在としての消費者市民像，そしてそのための意識の高まりは我が国でも見られるようになってきている」（内閣府，2008，3ページ）と指摘していた。しかし，実際の行動面では，消費を通じた社会的課題解決への意識は高いとは言えなかった。内閣府（2008）では，地球環境問題やゴミ問題などの重要性が広く認識されるようになってきており，具体的な購買行動としては「詰替え商品を選ぶ」「適量買う」「家電製品など，省資源，省エネルギー型のものを選ぶ」など，6割以上の消費者が経済合理性のある行動を取っており，「レジ袋は断り，マイバッグを使う」という消費者は7割近くになってきたと述べている。その一方で，「エコマークなどの環境ラベルの付いたものを選ぶ」「環境配慮に取り組んでいる店舗や企業の商品を買う」「包装ができるだけ少ないものを選ぶ」といった経済的インセンティブが伴わない行動を実践し

ている消費者の割合は低いと指摘している。また，日本ではフェアトレード商品購入率が諸外国に比べて極端に低く，およそ6割の消費者がフェアトレードを知らないと回答している。このように震災以前の日本の消費者は，消費を通じて社会的課題の解決が可能だと思っていたものの，環境配慮行動は経済合理性を伴ったものに限定されており，フェアトレード商品も認知していなかった。震災直前の2011年1月14日付『日経MJ』は寄付つき商品を好んで購入する「エシカル消費者」が増加してきていると指摘しており，一部の消費者では倫理問題に対する意識が高まりつつあったことがわかる。

また，震災以前，日本には寄付文化が根付いていないと言われていた。しかし，震災発生直後，多くの日本人が寄付を行い，ボランティアとして直接被災地に行った（日本ファンドレイジング協会, 2012）。その一方で，企業はすぐに救援物資や義援金の提供を決定した。その後，復興を支援するために，多くの企業が寄付つき商品を販売するようになった。震災以前の日本で寄付つき商品と言えば，ボルヴィックとユニセフによる『1ℓ for 10ℓ』キャンペーンやアサヒビールによる『うまい！ を明日へ！ プロジェクト』などであった。しかし，震災以降，例えば，ユニクロはレディ・ガガをはじめとする著名人のサインやイラストなどが入った寄付つきTシャツを販売した。このように多くの企業が寄付つき商品を販売したことにより，製品やサービスの消費を通じて，復興支援ができるということを初めて認知した日本の消費者は多い。

以上を踏まえると，震災以前の消費者には，消費を通じた社会的課題への意識と行動に乖離が存在していたと考えることができる。それが震災後に寄付つき商品や「応援消費」という言葉に代表される消費による被災地支援などの具体的手段が企業によって提示されたことで，社会的課題解決のための潜在的な消費行動が顕在化し，実際にそれを行動に移すSCが増加したと考えられる。

では日本にSCはどのくらいの割合で存在しているのだろうか。そのために，先行研究を検討してみる。社会的課題と消費者の関係を検討している先行研究は，環境問題あるいは倫理問題との関わりで消費者を捉えてきた。日本における「環境問題と消費者」に関する研究は，「倫理問題と消費者」と比べると研

究蓄積が多い（上田・小笠原，1992；田口・坂上，2002；西尾，2005；古木他，2008；宮原他，2009；大石，2009；山村他，2010；山村他，2011）。中でも，山村他（2011）は2009年8月にgooリサーチライトの登録モニター11,393名にアンケート調査を行い，環境意識が高く，環境配慮行動を実践している消費者はおよそ6割存在すると述べている。

一方，「倫理問題と消費者」については，震災前後から「エシカル消費」や「倫理的消費」をキーワードにした消費者意識の実態調査が主である（デルフィス エシカル・プロジェクト編，2012；木全，2012）。木全（2012）では2011年9月に行った「買い物行動についてのアンケート」の中でエシカル消費について調査を行っている。調査結果では，エシカル消費の説明をしないで，エシカル消費を知っていたのは，全体のわずか6％に過ぎず，実際に行っているエシカル消費の大半が環境問題に関わる行動であると指摘している。

このように日本における「社会的課題と消費者」に関する研究は，主に環境問題との関わりにおいて研究が行われ，近年は倫理問題から調査が行われるようになっている。このような2つの研究には，重複する部分が存在している（Newholm & Shaw, 2007）。そのため，本研究では，それらを包括的に捉えるために「社会的課題と消費者」という枠組みから，日本のSCを検討する。

本研究で使用する主な用語は，ソーシャル・コンシューマー，ソーシャル・プロダクト（Social Products：SP）である。まずソーシャル・コンシューマーとは，「消費を通じて社会的課題の解決を行う個人」と定義する。次にソーシャル・プロダクトとは，「社会的課題の解決に繋がる製品・サービス」と定義する。本研究の研究目的は2つある。1つは，日本のSCの割合を明らかにすることである。もう1つは，仮に日本にSCが存在するならば，そのような消費者がどのような特徴を持っているのかを明らかにすることである。より具体的には，本研究では株式会社ヤラカス館SoooooS.カンパニーに提供していただいた2次データを利用して，探索的に日本におけるSCを発見し，デモグラフィックスやサイコグラフィックスという点から，どのような特徴があるのかを検討する。なお，本研究は大平・薗部・スタニスロスキー（2012）を大幅に

加筆・修正したものである。

2．ソーシャル・コンシューマーに関する先行研究の検討

SCに関する先行研究では「SCとは誰なのか」という問いに答える形で研究が行われている（Anderson & Cunningham, 1972 ; Kinnear et al., 1974）。より具体的には，SCに関する先行研究は，市場細分化の基準やそれを説明する変数を用いて，どのような特徴があるのかを明らかにする研究であると理解することができる。

2-1．ソーシャル・コンシューマーの特徴と階層性に関する先行研究

SCの特徴を検討した研究では，市場細分化の代表的な基準であるデモグラフィックやサイコグラフィック変数を用いた研究が多い。グリーン・コンシューマーの特徴に関するレビューを行っているRoberts（1996）とDiamantopoulos et al.（2003）は，よく用いられるデモグラフィック変数として，性別や婚姻関係，年齢，子どもの数，教育，社会階層，収入，居住地を挙げている。一方，サイコグラフィック変数として，Diamantopoulos et al.（2003）は知識や態度，行動を挙げ，具体的なものとしてRoberts（1996）が政治的立場，利他主義，有効性評価，関心を挙げている。

SCに関する研究には，クラスタ分析や判別分析，因子分析を用いて消費者を細分化し，そのセグメントごとの違いを検討している研究もある。分類する際の基準として使用されている変数には，環境配慮や倫理的行動（Roberts, 1995 ; Cowe & Williams, 2001 ; Gilg et al., 2005 ; Awad, 2011 ; 山村他, 2011），デモグラフィック変数（性別や年齢，収入，教育レベル，職業）と環境要因（関心や影響，知識，環境配慮行動，行動主義，価格への感度，リサイクル，有効性評価，懐疑主義）（do Paco et al., 2009），消費者の属性と消費性向（宮原他, 2009），ライフスタイル（山村他, 2010）などが用いられている。

このように社会的課題に関連する変数を用いると，消費者はいくつかの階層

に細分化することができる。具体的には，3層に細分している研究（Al-Khatib et al., 2005 ; do Paco et al., 2009）や4層（Roberts, 1995 ; Gilg et al., 2005 ; Gonzalez et al., 2009 ; Awad, 2011），5層（Cowe & Williams, 2001 ; 宮原他, 2009 ; 山村他2010 ; 山村他, 2011）など，分析に応じて階層数は異なっている。また，Roberts（1995）やdo Paco et al.（2009）はWard's Methodという手法を用いて階層を識別しているが，大半の研究においては明確な基準を用いて階層を識別するというよりは，解釈しやすい方法で階層化が行われている。

　これらの研究ではχ^2検定や分散分析，t検定などを用いて，階層ごとの特徴を識別している。階層を特徴づける変数としては，年齢や性別，居住地，家の所有，家のタイプ，収入，学歴，既婚，子どもの有無，教育といったデモグラフィック変数が用いられている。それ以外には有効性評価（do Paco et al., 2009 ; Award, 2011）や環境配慮行動（do Paco et al., 2009 ; 山村他，2010・2011 ; Award, 2011）といったサイコグラフィック変数が用いられている。

　SCの階層性とその階層ごとの特徴を検討した代表的な研究として，Roberts（1995）やCowe & Williams（2001），山村他（2010）がある（表1）。Roberts（1995）はアメリカ人605名に対して調査を実施し，社会的責任消費者行動スケール（Socially Responsible Consumer Behavior Scale）を用いてクラスタ分析を行い，SCを4つの階層に細分化している。その上で，デモグラフィック変数では年齢や性別，教育，収入，職業，サイコグラフィック変数では有効性評価や自由主義，疎外感がSCの階層ごとの特徴を識別する変数として相応しいと指摘している。Cowe & Williams（2001）はイギリス人2,000名に調査を実施し，行動を用いてクラスタ分析を行い，5つの階層に細分化している。階層ごとの特徴を見る際に用いた変数は，年齢や社会階層，居住地，職業，婚姻などといったデモグラフィック変数，ブランド名や品質，従業員の扱い，政策，コミュニティといった購買変数，友人・知人や新聞，テレビ，NPOといった情報源，リサイクルやGM-free（遺伝子組み換えでない），フェアトレード，菜食主義者の社会といったラベルに対する考え方である。日本の消費者を対象としている山村他（2010）は，日本のSCについて，gooリサーチライト登録モニ

表1　SCの階層とその特徴

研究者名	セグメント名	各セグメントの特徴
Roberts (1995)	①Socially Responsibles (32%)	リベラルであり，Greensよりお金を稼ぎ，政治に関わり，民主党を支持し，大学を卒業していて，既婚者で持ち家がある。
	②Middle-Americans (45%)	環境への関心が高く，よく教育されており，無党派層であり，3分の2は既婚者で，80%は持ち家がある。
	③Greens (6%)	エコロジーへの意識が高く，56%が女性で，既婚者であり，大学を卒業していて，持ち家がある。
	④Browns (17%)	環境や社会への関心が低く，男性の割合が高く，最も所得があり，72%が大学を卒業していて，既婚者で，共和党を支持している。
Cowe & Williams (2001)	①Global Watch Dogs (5%)	倫理的立役者。裕福で専門的職業を持った35〜55歳で，教養があり，都会人で，主に南東部（特にロンドン）に住み，消費者としての自覚と自信がある。
	②Conscientious Consumer (18%)	価値と質を重視している（倫理性もその一つと考えられる）。比較的ブランドは気にしないが，保守的で，中部と南東部（ロンドン以外）に住んでいる。消費者としての力をある程度意識している。
	③ 'Do What I Can' (4%)	倫理的動機は弱い（しかしある程度ある）。高齢者で（4分の1が65歳以上），持ち家に住み，多くがロンドン近郊に住んでいる。消費者として，やや無力だと考えている。
	④Brand Generation (6%)	倫理的関心はブランドより劣る。しかし，倫理性もブランド価値に含まれる。若く（3分の1が25歳以下），学生も多い。中部，北部に住んでいる。消費者としての力を意識しているが，行使することは稀である。
	⑤ 'Look After My Own' (22%)	倫理的な動機はほとんどない。若く，低所得で，北部やスコットランドに多い。失業している割合が高く，多くが消費者として無力だと考えている。

山村他（2010）	①セグメント1 （28.1%）	環境や自然，健康に対する関心が高く，物事に広く関心を持ち，積極的に情報収集を行う。商品を購入する際には，価格以外を重視する傾向にある。日々の生活においても環境意識は高く，環境に配慮した生活を積極的に実践している。年齢は30代中心で，平均年齢，男女比率も平均的。セグメント間比較では既婚率は平均的。
	②セグメント2 （14.6%）	健康に対する関心は高いが，流行や口コミには興味を示さない傾向にある。日々の生活における環境配慮度合いは平均的と言えるが，ゴミの削減に関してはやや実践率が高い。一方，レジ袋辞退率はやや低くなっているが，これはセグメントの主な構成の要素である，男性のマイバッグ持参率が低いことが影響していると考えられる。年齢は40代中心で50〜60代以上の割合が他のセグメントと比べて高く，平均年齢が高い。男性の割合が多い。セグメント間比較で最も既婚率が高い。
	③セグメント3 （18%）	環境や自然，健康に対する関心はあるものの，環境配慮商品にはあまり興味がない。物事に広く関心を持ち，流行に敏感であり，自己を高めることにも積極的である。日々の生活における環境意識はやや高く，特に省エネ・節水やリサイクル，水質保全などの家事に関わる事柄に対する実践率が高い傾向にある。30代中心で，平均年齢は平均的。女性の割合が高い。セグメント間では既婚率は平均的。
	④セグメント4 （24.3%）	あまり特徴がない。日々の生活における環境配慮度合いがやや低く，特に手間のかかることは避ける傾向にある。30代中心で，平均年齢，男女比率共に平均的。セグメント間比較では既婚率は平均的。
	⑤セグメント5 （14.9%）	物事にあまり関心を示さず，こだわりや自己主張がなく，自ら行動することも少ない。商品を購入する際には，何よりも価格を重視する傾向にある。日々の生活においても環境意識は低く，環境に配慮した生活とはかけ離れている。30代中心で20代の割合が他のセグメントと比べて高く，平均年齢が低い。男女比率は平均的。セグメント間比較で最も既婚率が低い。

出所：Roberts（1995），Cowe & Williams（2001），山村他（2010）より作成。

ター1,000名にデモグラフィックや消費者属性，消費性向などを質問し，その結果からライフスタイル変数を用いてクラスタ分析を行い，5つの階層を識別している。

2-2．先行研究からの知見

SCの階層性に関する研究では，まずそれを識別する際の変数として，環境配慮や倫理的行動やデモグラフィック変数，消費者属性，消費性向，ライフスタイル，意識などが用いられていた。その中でも，多くの研究で使用されていたのが，環境配慮や倫理に関する行動変数である。

次に消費者を社会的課題の視点から階層化し，それぞれの階層を特徴付ける際に使用されていた変数としては，デモグラフィックおよびサイコグラフィック変数が多くの研究で使用されていた。具体的なデモグラフィック変数としては，年齢や性別，学歴，収入，職業上の地位，居住地などが使用されていた。一方，サイコグラフィック変数としては，態度や有効性評価，自由主義，疎外感，関与，意識，行動，懐疑主義，ライフスタイルなどが使用されていた。

さらにSCの階層性を識別する際の分析手法として，クラスタ分析や因子分析，判別分析が使用されていた。特に何階層があるのかについては，3・4・5層のセグメントが存在していると指摘している研究が多かった。階層化された各セグメントの特徴を識別する分析手法として，χ^2検定や分散分析，t検定などが用いられていた。分析の手順としては，まず多変量解析を用いて，SCの階層がいくつのセグメントから構成されるのかを検討し，次に階層化された各セグメントの違いをデモグラフィックおよびサイコグラフィック変数を差の検定を用いて検討していた。以下では，このような先行研究での分析手法などに従って，2次データの分析を通じて，日本のSCを階層化し，その階層ごとの特徴を明らかにする。

3. 実 証 分 析

3-1. 使用したデータと分析の枠組み

　本研究で分析するデータは，株式会社ヤラカス館SoooooS.カンパニーが2011年9月9日に実施した「社会貢献に関するアンケート（東日本震災後6カ月後調査）」である。調査方法はインターネット調査を利用し，調査対象は日本全国47都道府県に対して行われたものであり，集計はリサーチ会社株式会社ボーダーズによって行われた。調査対象については，10代（15～19歳）～60代以上の男女721人であり，年齢と性別に割り付けが行われていた。

　株式会社ヤラカス館SoooooS.カンパニーは，エコや寄付つき商品など，気軽な社会貢献ができるソーシャル・プロダクツ情報の検索・発信・共有サイトを運営する会社である（http://sooooos.com/）。このSoooooS.のサイトは2010年3月19日にテスト公開され，現在は9,000を超えるSPを紹介するサイトとなっている。また，SoooooS.カンパニーは2011年6月11・12日に「震災後3カ月の消費，社会貢献に関する意識変化」を実施した。その後も同年9月9日にも震災後6カ月後調査として，「社会貢献に関するアンケート」を実施している。本研究ではSoooooS.事業責任者（サイト運営責任者）である中間大維氏のご厚意で，「社会貢献に関するアンケート」のデータを提供していただいた。

　分析するデータは，2次データであるため，分析を行う都合上，一部のデータを使用した。使用したデータは，社会貢献の内容として，「寄付・募金」「物品の寄贈」「ボランティア」「寄付つき商品の購入」「フェアトレード商品の購入」「オーガニック商品の購入」「エコ商品の購入」である。これらの項目の中で，「寄付つき商品の購入」「フェアトレード商品の購入」「オーガニック商品の購入」「エコ商品の購入」はSPの購入としてまとめることができる。つまり，SPの購入経験のある人をSCと捉え，上述したカテゴリーをいくつ経験しているかで階層性を探ることができると本研究では考えた。消費者の意識に

消費経験が影響を与える点については，消費文化論でその重要性が指摘されている (Holbrook & Hirschman, 1982)。SP を購入した経験がある消費者の中には，「SP を購入することが社会的課題の解決に繋がる」という製品の意味を理解している消費者も存在しているはずである (Hirschman, 1980 ; Richins, 1994)。そのような消費者こそ，SC なのであり，本研究ではそのような消費者とそうではない消費者の特徴を比較することも目的の1つである。ただし，あくまでもこの質問項目は SP の購入経験を尋ねたものであり，購入頻度を尋ねているわけではない。

上述した社会貢献の項目には，「寄付・募金」「物品の寄贈」「ボランティア」という項目も設けられていた。これらの項目について，本研究ではシビック・アクション (Civic Action : CA) というカテゴリーを設けて分析を行った。CA とは，「非市場での社会的課題の解決行動」を意味する。この概念を用いたのは，SP を購入していない層でも，CA の活動経験の有無によって，潜在的な SC として捉えることができるからである。

実証研究の分析枠組みを示したのが，表2である。本研究では社会貢献を行う人には，市民 (Citizen) と SC としての2つの側面があると想定する。具体的には「寄付・募金」「物品の寄贈」「ボランティア」を本研究では CA と捉え，そのような行動を行う主体を市民と定義する。一方，「寄付つき商品の購入」

表2　個人の社会的課題解決行動の類型

主体	行動	項目
市民 (Citizen)	シビック・アクション (Civic Action)	金銭寄付・募金 物品寄贈 ボランティア
ソーシャル・コンシューマー (Social Consumer)	ソーシャル・コンサンプション (Social Consumption)	寄付つき商品 フェアトレード商品 オーガニック商品 エコ商品

「フェアトレード商品の購入」「オーガニック商品の購入」「エコ商品の購入」をソーシャル・コンサンプション（Social Consumption：SCn）と捉え，そのような行動を行う主体をSCと定義する。

分析では，先行研究に従い行動変数であるSCnだけでなく，CAも加えた合計7項目を使用してクラスタ分析を実施した。その後，デモグラフィックおよびサイコグラフィック変数からクラスタごとの特徴を捉えることで，日本のSCの特徴を把握する。

3-2．クラスタ分析によるセグメンテーション

分析では，CA（「寄付・募金」「物品の寄贈」「ボランティア」）とSCn（「寄付つき商品の購入」「フェアトレード商品の購入」「オーガニック商品の購入」「エコ商品の購入」）の合計7項目の経験の有無を使用して，クラスタ分析を実施した。なお，使用した統計ソフトはSPSSであり，データ数が多く，この分析が探索的な分析であることから，大規模ファイルのクラスタ分析を実施し，クラスタ数を変化させ，最適なクラスタ数を探索した。

まず探索的なクラスタ分析の結果，クラスタ数を6に決定した（表3）。この結果から，クラスタA・B・C層はSCnのいずれかの項目とCAの経験がある人たちであるという特徴を指摘できる。一方，クラスタD・E・F層はSCnを全く経験したことがなく，CAの全ての項目あるいは1つ，経験なしという人たちであるという特徴を指摘できる。分析結果では，クラスタA・B・C層がSCnの経験があることから，この層が日本のSCであると理解することができる。つまり，クラスタ分析の結果に従うと，日本のSCは26.2％存在しており，それは3つの層から構成されていると判断することができる。

次に各クラスタの特徴を踏まえた上でネーミングを行った。クラスタAは6.8％存在し，CAとSCnの全ての項目を実践した経験のある人であることから，このクラスタを「先進的ソーシャル・コンシューマー（Advanced Social Consumers：先進的SCs）」と命名した。クラスタBは13.3％存在し，寄付つき商品・エコ商品・オーガニック商品のSCn項目と寄付・募金のCA項目を実

表3　クラスタ分析の結果（○：経験あり，×：経験なし）

		クラスタA 先進的SCs 6.8% (n=49)	クラスタB 中間的SCs 13.3% (n=96)	クラスタC 基礎的SCs 6.1% (n=44)	クラスタD 活動的市民 5.8% (n=42)	クラスタE 寄付者 33.8% (n=244)	クラスタF 無関心層 34.1% (n=246)
CA項目	金銭寄付・募金	○	○	○	○	○	×
	物品寄贈	○	×	○	○	×	×
	ボランティア	○	×	×	○	×	×
SCn項目	寄付つき商品	○	○	○	×	×	×
	エコ商品	○	○	○	×	×	×
	オーガニック商品	○	○	×	×	×	×
	フェアトレード商品	○	×	×	×	×	×

践した経験のある人であることから，「中間的ソーシャル・コンシューマー (Intermediate Social Consumers：中間的SCs)」と命名した。クラスタCは6.1%存在し，寄付つき商品，エコ商品のSCn項目と寄付・募金，物品のCA項目を実践した経験がある人であることから，「基礎的ソーシャル・コンシューマー (Basic Social Consumers：基礎的SCs)」と命名した。クラスタDは5.8%存在し，SCn項目は経験したことがないが，寄付・募金と物品，ボランティアのCA項目全てを経験したことのある人であることから，「活動的市民 (Active Citizens)」と命名した。クラスタEは33.8%存在し，CA項目の寄付・募金のみを経験したことのある人であることから，「寄付者 (Cash Donators)」と命名した。なお，クラスタEの8割の人が，東日本大震災後に初めて寄付・募金を行ったと回答している。クラスタFは34.1%存在し，どの項目も経験したことのない人であることから，「無関心層 (Indifferent)」と命名した。

3-3. デモグラフィックスにおける特徴

まずクラスタごとの特徴をデモグラフィックスの点から検討する。検討するデモグラフィック変数は「社会貢献に関するアンケート」では，質問項目として，「性別」「年代」「婚姻の有無」「子どもの有無」「職業」が設けられていたことから，これらの項目を用いて，クラスタごとにどのような特徴があるのかについて検討する（表4）。

（1）性　別

性別については，男性361名，女性360名の構成となっている。クラスタ間の性別の差について χ^2 検定を実施したところ，Pearsonの χ^2 値19.725，自由度5，有意確率.001となり，$p<.005$ で有意な差があった。

各クラスタについて，男性の割合が多いクラスタは，先進的SCsと活動的市民，無関心層となっている。一方，女性の割合が多いクラスタは中間的SCsと基礎的SCs，寄付者となっている。この中でも特徴的なクラスタが，中間的SCsと無関心層である。まず中間的SCsは女性の割合が61.5%，男性が38.5%となっており，女性が大半を占めているという特徴がある。次に無関心層は男性の割合が60.6%，女性が39.4%となっており，中間的SCsとは逆に男性が大半を占めているという特徴がある。

（2）年　代

年代については，アンケート実施の際に10代，20代，30代，40代，50代，60代以上という構成で割り付けがなされており，50代のみ121名で，それ以外の世代は全て120名の構成となっている。クラスタ間の年代の差について χ^2 検定を実施したところ，Pearsonの χ^2 値41.969，自由度25，有意確率.018となり，$p<.030$ で有意な差があった。

SC層である先進的SCsは40代と60代以上の構成比率が高く，30代の構成比率が低いのが特徴である。中間的SCsは60代以上が最も構成比が高く，30代や40代，50代も構成比が比較的高く，10代の構成比が最も低いという特徴があ

表4 デモグラフィック変数における構成比（％）

		合計	先進的SCs	中間的SCs	基礎的SCs	活動的市民	寄付者	無関心層
性別	男性	51.0	51.0	38.5	45.5	52.4	44.3	60.6
	女性	49.9	49.0	61.5	54.5	47.6	55.7	39.4
年代	10代	16.6	12.2	7.3	13.6	23.8	13.9	23.2
	20代	16.6	14.3	12.5	9.1	14.3	17.6	19.5
	30代	16.6	8.2	18.8	20.5	14.3	21.3	12.6
	40代	16.6	24.5	19.8	13.6	14.3	18.0	13.4
	50代	16.8	16.3	18.8	18.2	14.3	17.2	15.9
	60代以上	16.6	24.5	22.9	25.0	19.0	11.9	15.4
婚姻関係	未婚	44.9	30.6	28.1	31.8	54.8	42.6	57.3
	既婚	55.1	69.4	71.9	68.2	45.2	57.4	42.7
子ども	あり	46.5	55.1	56.3	61.4	40.5	48.0	37.8
	なし	53.5	44.9	43.8	38.6	59.5	52.0	62.2
職業	経営者・役員	0.8	0	0	0	0	0.8	1.6
	学生	17.3	16.3	7.3	13.6	23.8	14.8	23.6
	会社員（事務系）	10.7	8.2	17.7	13.6	7.1	9.8	9.3
	会社員（技術系）	9.0	10.2	7.3	9.1	2.4	11.9	7.7
	会社員（その他）	8.2	2.0	5.2	9.1	19.0	7.0	9.8
	アルバイト	12.1	6.1	8.3	4.5	7.1	15.2	13.8
	自由業	2.4	4.1	1.0	4.5	2.4	2.0	2.4
	自営業	6.7	8.2	6.3	9.1	9.5	5.7	6.5
	公務員	2.2	6.1	3.1	2.3	4.8	0.8	2.0
	専業主婦	19.4	28.6	29.2	22.7	11.9	20.1	13.8
	その他	11.2	10.2	14.6	11.4	11.9	11.9	9.3

る。基礎的SCsは60代以上の構成比率が最も高く，30代や50代も比較的高く，20代の構成比率が最も低いのが特徴である。

一方，非SC層である活動的市民は10代の構成比が最も高く，次いで60代以上，その他の世代は同値となっており，若年層と高年齢層の構成比が高いのが特徴である。寄付者は30代の構成比が最も高く，最も構成比が低いのは60代以上である。それ以外の層は，10代を除いて，いずれも15％を上回っており，ミドル世代が多いのが特徴である。無関心層は10代と20代の構成比が高く，30代と40代の構成比が低いことから，若年層が他のクラスタと比較して，圧倒的に多い世代である。

この結果を踏まえると，SC層を構成する先進的SCsと中間的SCs，基礎的SCsは若年層の割合が低く，ミドル世代以上の構成比が高い傾向がある。一方，非SC層である活動的市民と寄付者，無関心層は，SC層とは逆に，若年層の割合が高く，高年齢層の割合が低い傾向がある。つまり，SC層はミドル世代以上の構成比率が高いという特徴を指摘できる。

（3）婚姻関係

婚姻関係については，既婚者324名，未婚者397名の構成となっている。クラスタ間の婚姻の有無の差についてχ^2検定を実施したところ，Pearsonのχ^2値35.494，自由度5，有意確率.000となり，$p<.000$で有意な差があることが認められた。

既婚者の割合が高いクラスタは，先進的SCsと中間的SCs，基礎的SCs，寄付者である。中でも，先進的SCsと中間的SCs，基礎的SCsは既婚者の構成比が未婚者の倍以上となっている。その一方で，活動的市民と無関心層は未婚者の構成比の方が高い。この結果から，SC層を構成する先進的SCsと中間的SCs，基礎的SCsは既婚者の割合が高い傾向がある。一方，非SC層である活動的市民と無関心層は，未婚者の割合が高い傾向がある。つまり，SC層は既婚者の割合が高いという特徴を指摘することができる。

（4）子どもの有無

　子どもの有無については，子どもありが386名，なしが335名の構成となっている。クラスタ間の子どもの有無の差についてχ^2検定を実施したところ，Pearsonのχ^2値17.330，自由度5，有意確率.004となり，$p<.005$で有意な差があった。

　子どもありの割合が高いクラスタは，先進的SCsと中間的SCs，基礎的SCsとなっており，中でも基礎的SCsの構成比率の開きが最も大きい。その一方で，子どもなしの割合が高いのは，活動的市民と寄付者，無関心層となっており，特に無関心層の構成比率の開きが最も大きい。この結果から，SC層を構成する先進的SCs・中間的SCs・基礎的SCsは子どもがいる傾向がある。一方，非SC層である活動的市民と寄付者，無関心層は，子どもがいない傾向がある。

（5）職　　業

　職業については，細分化された質問項目となっており，職業ごとの構成人数が少ない職業も数多い。職業ごとの構成人数は，経営者・役員6名，学生125名，会社員（事務系）77名，会社員（技術系）65名，会社員（その他）が59名，アルバイトが87名，自由業が17名，自営業が48名，公務員が16名，専業主婦が140名，その他が81名となっている。クラスタ間の職業の差についてχ^2検定を実施したところ，Pearsonのχ^2値72.187，自由度50，有意確率.022となり，$p<.030$で有意な差があった。

　サンプル数が少ない経営者・役員および自由業，公務員を除いて考察をすると，SC層である先進的SCsと中間的SCs，基礎的SCsの割合が高いのは，会社員（事務系）と自営業，専業主婦となっており，中でも，専業主婦はいずれのSC層においても割合が高い。一方，非SC層である活動的市民と寄付者，無関心層は学生と会社員（その他），アルバイトにおいて割合が高く，特に学生においては活動的市民と無関心層の割合が他の層と比較して高いという特徴がある。

3-4．サイコグラフィックスにおける特徴

次にクラスタごとの特徴をサイコグラフィックスの点から検討する。なお，検討するサイコグラフィック変数は「社会貢献に関するアンケート」の質問項目として，「社会的課題への関心」「企業の社会貢献への関心」「企業の社会貢献に関する情報への関心」「SPの他者への推薦」「CAによるより良い社会づくりへの認識」「SCnによるより良い社会づくりへの認識」が設けられていたことから，これらの項目を用いて，どのような特徴があるのかについて検討する。

（1）社会的課題・企業の社会貢献とその情報への関心，SPの他者への推薦

質問項目について，アンケートの回答尺度等にばらつきがあったことから，それについて説明を行う。「社会的課題への関心」の質問項目では，「A社会的課題への関心がある」と「B社会的課題への関心がない」という質問に対し，「Aに近い」「どちらかと言えばAに近い」「どちらかと言えばBに近い」「Bに近い」という4点尺度の回答が設定されていた。「企業の社会貢献への関心」と「企業の社会貢献に関する情報への関心」については，「全くそう思う」「そう思う」「どちらとも言えない」「そう思わない」「全くそう思わない」の5点尺度であった。

表5はクラスタごとのサイコグラフィック変数の平均値と標準偏差を示したものである。これら各変数について，クラスタ間に統計的に有意な差があるのかを検討するために分散分析を実施した。全ての項目において，等分散性が成立しなかった（社会的課題への関心：Levene統計量5.245，$p<.000$，企業の社会貢献への関心：Levene統計量4.531，$p<.000$，企業の社会貢献に関する情報への関心：Levene統計量2.456，$p<.032$）。そのため，平均値同等性の耐久検定によりクラスタ間の差の検定を実施した。その結果，社会的課題への関心は漸近的F分布14.462，$p<.000$，企業の社会貢献への関心は漸近的F分布21.155，$p<.000$，企業の社会貢献に関する情報への関心は漸近的F分布21.762，$p<.000$と

表5 関心と他者への推薦に関する平均値と標準偏差

		先進的SCs	中間的SCs	基礎的SCs	活動的市民	寄付者	無関心層
社会的課題への関心	平均値	3.14	2.85	3.00	2.98	2.64	2.44
	標準偏差	0.68	0.71	0.61	0.72	0.70	0.74
企業の社会貢献への関心	平均値	3.73	3.45	3.57	3.12	2.99	2.71
	標準偏差	0.78	0.79	0.85	1.04	0.89	0.98
企業の社会貢献に関する情報への関心	平均値	4.04	3.73	3.84	3.38	3.28	2.98
	標準偏差	0.84	0.70	0.81	1.06	0.88	0.99
SPの他者への推薦	平均値	3.37	3.16	3.16	3.10	2.90	2.70
	標準偏差	1.04	0.91	0.92	1.03	0.91	0.93

いう結果を得たことから，全ての項目において$p<.000$で有意な差があると判断した。

これら関心項目について，多重比較を実施した。その結果，$p<.05$（Games-Howell）で有意であった項目は，社会的課題への関心では寄付者と先進的SCs・基礎的SCs・無関心層，無関心層と先進的SCs・中間的SCs・基礎的SCs・活動的市民・寄付者であった。企業の社会貢献への関心では，活動的市民と先進的SCs，寄付者と先進的SCs・中間的SCs・基礎的SCs・無関心層，無関心層と先進的SCs・中間的SCs・基礎的SCs・寄付者に有意な差が認められた。企業の社会貢献活動に関する情報への関心は活動的市民と先進的SCs，寄付者と先進的SCs・中間的SCs・基礎的SCs・無関心層，無関心層と先進的SCs・中間的SCs・基礎的SCs・寄付者において有意な差が認められた。

「より良い社会づくりに繋がるブランドや商品をまわりの人にお薦めしたい」という項目についても分析を行った。この回答は「全くそう思う」から「全くそう思わない」の5点尺度であった。これについて，クラスタ間に統計的に有

意な差があるのかを検討するために分散分析を実施した。その結果，$F(5,715)=7.269$，$p<.000$という結果を得たことから，有意な差があると判断した。また，多重比較を行ったところ，$p<.05$（Tukey）の水準で先進的SCsと寄付者，無関心層と先進的SCs・中間的SCs・基礎的SCsに有意な差が認められた。

　分析の結果，先進的SCsは他のクラスタと比べて，社会的課題と企業の社会貢献，その情報への関心が高い傾向が示された。中間的SCsは寄付者と無関心層よりはそれぞれへの関心が高い傾向があった。基礎的SCsは，有意な差ではないが，寄付者と無関心層よりはそれぞれへの関心が高い傾向があった。寄付者はそれぞれへの関心が低い傾向があった。無関心層は寄付者と比べて，さらにそれぞれへの関心が低い傾向があった。また，SPの他者への推薦については，先進的SCsは最もSPを他者に薦めたいと思う傾向があった。中間的SCsと基礎的SCsは無関心層より，SPを他者に薦めたいと思う傾向があった。寄付者は先進的SCsよりもSPを他者へ薦めたいと思わない傾向があった。無関心層は全ての項目において，他のクラスタより，SPを薦めたいと思わない傾向があった。

（2）CAとSCnを通じたより良い社会づくりへの認識

　次により良い社会づくりにCAとSCnが繋がるかという項目について分析を行った（表6）。この項目は当てはまると回答した人の割合で捉えている。CA項目内の差についてχ^2検定を実施したところ，寄付・募金はPearsonのχ^2値72.901，自由度5，有意確率.000，物品の寄贈はPearsonのχ^2値64.553，自由度5，有意確率.000，ボランティアはPearsonのχ^2値37.323，自由度5，有意確率.000となり，全ての項目において$p<.000$で有意な差があることが認められた。

　この結果から，先進的SCsは無関心層の次に，CAがより良い社会づくりに繋がらないと思う傾向があった。中間的SCsは無関心層と比べて，CAがより良い社会づくりに繋がると思う傾向があった。基礎的SCsは全てのCA

表6　CAとSCnの社会貢献認識の構成比（%）

		先進的SCs	中間的SCs	基礎的SCs	活動的市民	寄付者	無関心層
CA	寄付・募金	69.4	80.2	93.2	73.8	76.2	50.0
	物品の寄贈	65.3	70.8	84.1	69.1	67.6	48.0
	ボランティア	53.1	64.6	81.8	54.8	59.8	38.6
SCn	寄付つき商品	38.8	50.0	54.6	50.0	43.0	32.9
	エコ商品	34.7	44.8	52.3	31.0	30.7	26.0
	フェアトレード商品	24.5	29.2	18.2	35.7	22.1	17.5
	オーガニック商品	24.5	29.2	18.2	35.7	22.1	17.5

の項目において，最もより良い社会づくりに繋がると思う傾向があった。活動的市民は無関心層と比べて，CAがより良い社会づくりに繋がると思い，比較的ボランティアを低く評価する傾向があった。寄付者は無関心層と比べて，CAがより良い社会づくりに繋がると思う傾向があった。無関心層は全てのクラスタの中で，最もCAがより良い社会づくりに繋がらないと思う傾向があった。

　CAがより良い社会づくりに繋がるかの項目で指摘しておきたいのは，先進的SCsは無関心層の次にCAがより良い社会づくりに繋がらないと思う傾向が表れた点である。これは先進的SCsが「寄付・募金」「物品の寄贈」「ボランティア」をどのクラスタよりも経験しており，このようなCAは「当たり前」の行動であると思っていることから，上述したような結果が出たと推測できる。

　一方，SCnも項目内の差についてχ^2検定を実施したところ，寄付つき商品はPearsonのχ^2値44.805，自由度5，有意確率.000，エコ商品はPearsonのχ^2値15.034，自由度5，有意確率.010，フェアトレード商品はPearsonのχ^2

値19.634，自由度5，有意確率.001，オーガニック商品はPearsonのχ^2値10.876，自由度5，有意確率.054となり，p＜.100水準も含むものの，全ての項目に有意な差があることが認められた。

この結果から，先進的SCs・中間的SCs・寄付者は無関心層と比べて，SCnがより良い社会づくりに繋がると思う傾向が見受けられた。基礎的SCsは全てのクラスタの中で，寄付つき商品・エコ商品の消費が最もより良い社会づくりに繋がると思う反面，フェアトレード商品とオーガニック商品を比較的低く評価する傾向があった。活動的市民は無関心層と比べて，SCnをより良い社会づくりに繋がると思い，フェアトレード商品とオーガニック商品を高く評価する傾向があった。無関心層は全ての項目において，SCnがより良い社会づくりに繋がらないと最も思う傾向があった。

4．ディスカッション

本研究では，SCnとCAの経験から，日本の消費者を6つのクラスタに分類した。その上で，デモグラフィックおよびサイコグラフィック変数からクラスタごとの特徴を検討した。デモグラフィック変数から，日本のSCの特徴を述べると，年齢が高く，既婚であり，子どもがいる傾向がある点を指摘できる。これに職業を加えると，日本のSCの特徴は会社員（事務系）と自営業，専業主婦といった職業に就いている傾向がある。

一方，サイコグラフィック変数では，社会的課題・企業の社会貢献・企業の社会貢献に関する情報への関心の3変数とSPの他者への推薦，および，CAとSPを通じたより良い社会づくりへの認識の2変数の合計6変数を用いて分析を行った。その結果，関心については，先進的SCsが最も高く，中間的SCsと基礎的SCs，活動的市民は中程度，寄付者と無関心層は関心が低いという結果が示された。ただし，活動的市民は企業の社会貢献への関心が低い点も示された。実際に，活動的市民は他のクラスタと比較して企業に関する項目では最も標準偏差が高く，すなわち，同じクラスタ内でも，企業に関する項目

で両極的な答え方をしていた。これは社会的課題への関心がある程度高いにもかかわらず、企業の社会貢献への関心が低いという、いわば企業の社会貢献活動への懐疑主義という特徴が示されていると推測できる。SPの他者への推薦については、先進的SCsが最もSPを他者へ推薦したいと思い、中間的SCsと基礎的SCs、活動的市民は中程度であり、寄付者と無関心層は他者へ推薦したいとあまり思わない傾向があるという点が示された。認識については、中間的SCsと基礎的SCs、活動的市民、寄付者はCAとSCnがより良い社会づくりに繋がると思う傾向が示された。ただし、基礎的SCsは寄付つき商品とエコ商品をよりよい社会づくりに繋がると最も思う一方、フェアトレード商品とオーガニック商品をより良い社会づくりに繋がるとあまり思わない傾向があった。活動的市民はフェアトレード商品とオーガニック商品を高く評価する一方、ボランティアを低く評価する傾向があった。先進的SCsはCAがより良い社会づくりに繋がるとあまり思わない一方、SCnはある程度より良い社会づくりに繋がると思う傾向があった。無関心層はCAとSCnは共により良い社会づくりに繋がると思わない傾向があった。先進的SCsがCAをより良い社会づくりにあまり繋がると思わないという傾向が示されたのは、上述したように、先進的SCsが日頃から、CAを行っており、既に日常化したCAは「当たり前」の活動であると認識しているためだと推測した。

　これまでの分析結果を踏まえて、それぞれのクラスタの特徴をまとめたのが、表7である。これら6つのクラスタは、それぞれの特徴を解釈すると、以下の3つにグルーピングできる。それはまずSCnの経験のある先進的SCsと中間的SCs、基礎的SCs、次にCAの経験のある活動的市民と寄付者、さらにSCnとCA共に経験したことのない無関心層である。

　このような特徴を踏まえると、次のような解釈をすることができる。先進的SCsと中間的SCs、基礎的SCsは現在のSC層と解釈できる。その一方で、活動的市民と寄付者は潜在的なSC層として理解できる。なぜなら、活動的市民は社会的課題への関心が中程度であり、全てのCA項目の経験のある層だからである。要するに、活動的市民はCAの経験があるものの、SCnの経験の

表7 各クラスタのデモグラフィックスおよびサイコグラフィックスの特徴

	クラスタ名	特徴
現在のSC層	先進的SCs (6.8%)	年齢が高く，既婚者で，子どもがおり，社会的課題や企業の社会貢献，企業の社会貢献の情報への関心が最も高く，比較的CAがより良い社会づくりに繋がるとあまり思わず，SCnがある程度より良い社会づくりに繋がると思い，SPを最も他者へ薦めたいと思う傾向がある。
	中間的SCs (13.3%)	女性で，年齢が高く，既婚者で，子どもがおり，社会的課題や企業の社会貢献，企業の社会貢献の情報への関心がある程度あり（基礎的SCsより低い），先進的SCsや無関心層よりはCAとSCnがより良い社会づくりに繋がると思い，ある程度SPを他者へ薦めたいと思う傾向がある。
	基礎的SCs (6.1%)	既婚者で，子どもがおり，社会的課題や企業の社会貢献，企業の社会貢献の情報への関心が中程度，CAと寄付つき商品，エコ商品がより良い社会づくりに繋がると最も思い，ある程度SPを他者へ薦めたいと思う傾向がある。
潜在的SC層	活動的市民 (5.8%)	未婚者で，社会的課題への関心が中程度，企業の社会貢献への関心が比較的低く，CAはボランティアを比較的低く評価し，SCnはフェアトレード商品とオーガニック商品を高く評価し，ある程度SPを他者へ薦めたいと思う傾向がある。
	寄付者 (33.8%)	女性で，ミドル世代であり，既婚者で，社会的課題や企業の社会貢献，企業の社会貢献の情報への関心が低く，無関心層よりはCAとSCnがより良い社会づくりに繋がると思い，SPを他者へ薦めたいとあまり思わない傾向がある。
無関心層	無関心層 (34.1%)	男性で，若く，未婚者で，子どもがおらず，社会的課題や企業の社会貢献，企業の社会貢献の情報への関心が最も低く，CAとSCnがより良い社会づくりに繋がると最も思わず，SPを他者へ薦めたいと最も思わない傾向がある。

ない層であり，企業のコミュニケーション活動次第では，SCへ移行する可能性を秘めているからである。ただ，ここで指摘しておきたいのは，活動的市民はSCn，言い換えると企業のCSR活動に懐疑的な人物の可能性がある。

また，寄付者はデモグラフィック変数において中間的SCsと類似している点が多い。寄付者は，女性で既婚者の割合が高い一方で，子どもがいない割合

が高いという特徴がある。寄付者の年代のボリュームゾーンを見ると，30代の割合が最も高く，次いで40代，20代となっている。このような点を踏まえると，寄付者は年齢が上がるにつれて，例えば未婚の人が結婚をした後や子どもを産んだ後といったように，ライフステージが進んだ際に中間的SCsに移行する可能性を秘めているのである。このような解釈を裏付ける事実として，この層をターゲットとしている雑誌『Mart』や『VERY』がある。これらの雑誌は，30～40代の子どものいる女性をターゲットとしている。これらの雑誌では，オーガニック商品やフェアトレード商品が数多く紹介されおり，特に『VERY』では「ミセス・オーガニックさん」というオーガニック商品を生活に数多く取り入れている消費者が紹介されている。子育て世代は，震災後に原子力発電所から漏れた放射能の影響もあり，子どもが食べる食品に気を使い，そういった活動を通じて，オーガニック商品を購入する頻度が増えていったという経緯がある。

5．おわりに

本研究では先行研究に基づいて，まずSPの購入経験とCAの活動経験を用いて，クラスタ分析を実施し，日本のSC層がどのくらいの割合で存在しているのかを検討した。クラスタ分析は先行研究において，SCを階層化する際に多くの研究者が用いてきた手法である。本研究では2次データを使用したこともあり，クラスタ数を主観的に決定する探索的なクラスタ分析を実施し，クラスタ数を6と決定した。先行研究では，クラスタ数は3～5のものが大半を占めていたが，本研究では，日本のSCの階層性に関する研究がないことから，より詳細なクラスタ間の比較を行うことを目的にクラスタ数を多く設定した。その結果，日本のSC層は6層でも説明可能であるが，上述したように3層にもまとめられる可能性が示された。

SCnの経験のある先進的SCs・中間的SCs・基礎的SCsを日本のSCとして理解すると，その割合は26.2％である。この結果について，先行研究と比較

すると，山村他（2010）ではセグメント1（28.1％）と2（14.6％）をSCと解釈すると，その割合は42.7％となる（表1）。これは本研究と比較すると割合が高い。その理由として，山村他（2010）は環境問題に限定して，消費者との関係を検討している点を挙げることができる。日本人は環境問題については，他の分野より，比較的関心が高い問題だからである。

　一方，アメリカ人を対象に研究を行ったRoberts（1995）はSCが32％存在すると指摘していた。ただし，この研究は本研究と比較して，2つクラスタが少ない，4クラスタで分析を行っている。我々が解釈したように，Roberts（1995）の分析結果は最下層を除いて，全てがSCであると解釈することができる（表1）。それを踏まえると，Roberts（1995）ではSC層は83％となり，消費者の大半がSC層と理解することができる。また，イギリスでは，およそ6割の人が「自分はエシカル・コンシューマーである」と回答したという調査結果も示されている（Cowe & Williams, 2001）。また，アメリカとイギリス以外の国の研究として，ポルトガルを対象としたdo Paco et al.（2009）では35％，バーレーンを対象としたAwad（2011）では32.7％となっている。これらの割合と比較しても，日本のSCの割合は低いと判断することができる。

　次に各クラスタの特徴を示すために，先行研究ではデモグラフィックおよびサイコグラフィック変数を用いて分析を行った。分析の結果，デモグラフィック変数の全てが，各セグメントを特徴づけるのに有効であることが示された。一方，サイコグラフィック変数も全ての変数において，同様の結果を得ることができた。デモグラフィック変数は，先行研究と同じ変数を使用して分析を行った。しかし，サイコグラフィック変数は，関心と意識，推薦という変数を用いて分析を行った。関心と意識は先行研究でもよく用いられていた変数であるが，態度や有効性評価，知識，行動意図といった変数は2次データという制限もあり，検証のために使用することができなかった。

　本研究のインプリケーションとして，まず「社会的課題と消費者」という分析枠組みを構築したという点がある。先行研究では「環境問題と消費者」あるいは「倫理問題と消費者」という枠組みで研究が行われており，重複する部分

があるが，異なる研究を「社会的課題と消費者」という枠組みを構築することでその統合化を試みた。次に階層化する際の変数として，先行研究では行動変数が用いられていたが，本研究ではそれを単にSPの購入経験だけでなく，寄付やボランティアの活動経験も含めて分析を行った。その結果，本研究で示されたSC層はSCnだけでなく，CAを通じても社会貢献のための行動を実践していた。これによりSCの特徴を分析する際にはSCnだけでなく，CAも加えて分析を行った方がより良くその特徴を捉えることができるという示唆を得た。

最後に本研究の課題として，まずクラスタ分析を行うに当たり，クラスタ数を客観的に決定する方法を採用することが指摘できる。次にSCを特徴づける変数として，サイコグラフィック変数を関心と意識以外にも，先行研究で数多く用いられていた，態度や有効性評価，知識，行動意図なども考慮する必要があることが指摘できる。また，本研究ではどのような変数が，どのようなSPの購入に影響するのかを検討していない。それを踏まえると，今後は消費者によるSP採用に関する意思決定モデルを検討する必要がある。そのため，共分散構造分析やクラスタ別の多母集団同時分析を実施することによって，SP購入の意思決定メカニズムを明らかにすることを検討している。

参考文献

Al-Khatib, J. A., Stanton, A. D. & Rawwas, M. Y. A. (2005) "Ethical Segmentation of Consumers in Developing Countries: A Comparative Analysis," *International Marketing Review*, Vol. 22, No. 2, pp. 225-246.

Anderson, Jr., W. T. & Cunningham, W. H. (1972) "The Socially Conscious Consumer," *Journal of Marketing*, Vol. 36, No. 3, pp. 23-31.

Awad, T. A. (2011) "Environmental Segmentation Alternatives: Buyers' Profiles and Implications," *Journal of Islamic Marketing*, Vol. 2, No. 1, pp. 55-73.

Cowe, R. & Williams, S. (2001) *Who are the Ethical Consumer?*, Manchester UK: Co-operative Bank.

デルフィス エシカル・プロジェクト編（2012）『まだ"エシカル"を知らないあなたへ』，産業能率大学出版部。

Diamantopoulos, A., Schlegelmilch, B. B., Sinkovics, R. R. & Bohlen, G. M. (2003) "Can Socio-Demographics Still Play a Role in Profiling Green Consumers?: A Review of

the Evidence and an Empirical Investigation," *Journal of Business Research*, Vol. 56, Issue 6, pp. 465-480.
do Paco, A. M. F., Rapose, M. L. B. & Filho, W. L. (2009) "Identifying the Green Consumer : A Segmentation Study," *Journal of Targeting, Measurement and Analysis for Marketing*, Vol. 17, No. 1, pp. 17-25.
古木二郎・宮原紀壽・山村桃子(2008)「環境配慮型商品における購買層の特性と環境性能の価値評価に関する調査研究」,『三菱総合研究所所報』, No. 49, 128-142ページ。
Gilg, A., Barr, S. & Ford, N. (2005) "Green Consumption or Sustainable Lifestyles?: Identifying the Sustainable Consumer," *Futures*, Vol. 37, pp. 481-504.
Gonzalez, C., Korchia, M., Menuet, L. & Urbain, C. (2009) "How Do Socially Responsible Consumers Consider Consumption? An Approach with the Free Associations," *Recherche et Applications en Marketing*, Vol. 24, No. 3, pp. 25-41.
Hirschman, E. C. (1980a) "Attributes of Attributes and Layers of Meaning," *Advances in Consumer Research*, Vol. 7, pp. 7-12.
Holbrook, M. B. & Hirschman, E. C. (1982) "The Experimental Aspects of Consumption : Consumer Fantasies, Feelings, and Fun," *Journal of Consumer Research*, Vol. 9, No. 2, pp. 132-140.
木全吉彦(2012)「『世のため,人のため』の消費に目覚める生活者」,『CEL *Culture, Energy and Life*』, Vol. 98, 77-79ページ。
Kinnear, T. C., Taylor, J. R & Ahmed, S. (1974) "Ecologically Concerned Consumers : Who Are They?," *Journal of Marketing*, Vol. 38, No. 2, pp. 20-24.
宮原紀壽・山村桃子・古木二郎(2009)「ライフスタイルにもとづく消費者のセグメンテーションと環境意識・価値評価に関する調査研究」,『三菱総合研究所所報』, No. 51, 76-91ページ。
内閣府(2008)『平成20年度版 国民生活白書:消費市民社会への展望―ゆとりと成熟した社会貢献へ向けて―』。
Newholm, T. & Shaw, D. (2007) "Editorial Studying the Ethical Consumer : A Review of Research," *Journal of Consumer Behavior*, Vol. 6, Issue 5, pp. 253-270.
西尾チヅル(2005)「消費者のゴミ減量行動の規定要因」,『消費者行動研究』, Vol. 11, No. 1/2, 1-18ページ。
日本ファンドレイジング協会(2012)『寄付白書2012』, 経団連出版。
大石太郎(2009)「日本におけるグリーン・コンシューマー行動意向の規定要因」,『経済学雑誌』, 第110巻第1号, 79-90ページ。
大平修司・薗部靖史・スタニスロスキースミレ(2012)『消費を通じた社会的課題の解決:日本におけるソーシャル・コンシューマーの発見』*JFBS Working Paper* (http://j-fbs.jp/doc/Working%20Paper%20'Solving%20social%20issues%20through%20consumption'.pdf)。

Richins, M.L. (1994) "Valuing Things: The Public and Private Meanings of Possessions," *Journal of Consumer Research*, Vol. 21, No. 3, pp. 504-521.

Roberts, J. A. (1995) "Profiling Levels of Socially Responsible Consumer Behavior: A Cluster Analytic Approach and Its Implications for Marketing," *Journal of Marketing Theory and Practice*, Vol. 3, No. 4, pp. 97-117.

Roberts, J. A. (1996) "Green Consumers in the 1990s: Profile and Implications for Advertising," *Journal of Business Research*, Vol. 36, Issue 3, pp. 217-231.

田口　誠・坂上雅治 (2002)「環境にやさしい紙の市場調査」,『日本福祉大学情報社会科学論集』, 第5巻, 37-43ページ。

上田隆穂・小笠原浩修 (1992)「消費者行動におけるエコロジー意識の影響」,『学習院大学経済論集』, 第29巻第1号, 1-61ページ。

山村桃子・宮原紀壽・古木二郎 (2010)「消費者セグメンテーション手法の確立と環境配慮型商品に関する調査研究」,『三菱総合研究所所報』, No. 52, 44-58ページ。

山村桃子・宮原紀壽・古木二郎 (2011)「環境意識と行動の違いによる消費者のセグメンテーションに関する調査研究」,『三菱総合研究所所報』, No. 54, 70-84ページ。

V 投稿論文（査読付）

- ◆ 中小企業の環境ビジネス・イノベーション（在間敬子）
  ——成功する企業特性と情報支援の効果——
- ◆ 低炭素イノベーションの進行と日本企業の新たな競争優位の可能性（所 伸之）
  ——「関係性」ベース戦略の構築——
- ◆ 包括的ビジネス・BOPビジネス研究における社会経済的成果の統合的評価の重要性とその方法について（岡田正大）

中小企業の環境ビジネス・イノベーション
――成功する企業特性と情報支援の効果――

在間敬子 京都産業大学経営学部准教授

1. 研究の背景と目的

　中小企業白書（2012）では，中小企業の占める割合について，全企業数のうち99.7％，全正規雇用者のうち62.8％，全付加価値のうち53.7％であることを示し，その経済的重要性を指摘している[1]。また，中小企業庁（2010）では，二酸化炭素排出量に占める中小企業の割合を，産業部門では11％，業務部門では43％と推計しており，中小企業が排出削減に取り組むことの重要性を指摘している。中小企業の環境性と経済性は，個々では小さいものの，マクロレベルでは決して小さくはないと言える。大手企業は環境経営を導入しているが，中小企業では，環境規制の強化や取引先大手企業の要請により一部で取り組み始めているものの，全体に浸透するまでには至っていない[2]。Parker, et al. (2009) は，中小企業の環境経営を推進するには「介入」が不可欠であるが，中小企業は様々なタイプがあるため，タイプに応じた政策が必要になると指摘している。

　環境経営は，単に二酸化炭素等の環境負荷を削減することではなく，「環境理念を組織の中心に位置づけ，企業活動に環境配慮の視点を組み込み，環境性と経済性の向上を目指すこと」[3]である。Esty & Winston (2006) は，環境経

---

(1) 中小企業基本法では，「製造業その他」の中小企業は，「資本の額又は出資の総額が3億円以下の会社 並びに，常時使用する従業員の数が300人以下の会社及び個人」と定義されている。
(2) 例えば，在間（2005, 2007）を参照。
(3) 谷本（2004）のCSR経営の定義を踏まえて，在間（2008a, p. 214）は環境経営の定

（2012年12月8日受稿，2013年2月11日受理）

営で環境性と経済性を高める活動として，2つの方向性を示している。1つは「マイナスを減らす」ことである。これは，環境マネジメントシステムの導入により，企業活動全体で環境に取り組む仕組みを作り実践することである。その活動により，環境負荷の排出量や環境リスクを削減できる。環境設備投資が必要な場合にはコストがかかるが，汚染や廃棄物を処理する維持費用は減少する。もう1つは「プラスを増やす」ことである。これには，環境ビジネスで収益を上げることと，長期的な視点であるが，様々な社会的活動で企業価値を高めることが含まれる。在間（2010）は Esty & Winston（2006）を踏まえて，「環境マネジメントシステム導入の有無」と「環境ビジネス実施の有無」という2軸で中小企業を4つのタイプに分類し，各タイプの環境経営推進に必要な支援策を提示している。在間（2010）は，特色ある支援に関する効果の分析が必要であると述べている。

　本研究では，環境ビジネス・イノベーションを志向する中小企業と，それらの中小企業への支援に焦点を当てる。本研究では「中小企業の環境ビジネス・イノベーション」を，「中小企業が新しいと知覚したアイデア・対象物を用いて，環境ビジネスでの新生産方法や新原材料・新製品の開発を行うこと」と定義する[4]。また，「環境ビジネス」を「環境問題解決型あるいは環境配慮型の製品やサービスの提供」と定義する[5]。特色ある支援制度として，中小企業の優れた新規事業を認定し助言など情報支援を行う，京都市の企業価値創出支援制度を取り上げる。

　義を与えている。
（4）「イノベーション」の定義は，Rogers（2003）の「個人あるいは他の採用単位によって新しいと知覚されたアイデア，習慣，あるいは対象物」，および，シュムペーター（1977）が挙げる「新製品の開発，新生産の方法，新市場の開拓，新原材料の開発，新組織の構築，および，これら5つの新たな組み合わせ」に基づく。
（5）　環境ビジネスに関して一貫した定義は存在しておらず，事業領域も多岐にわたり複数の分類が存在する。本稿の定義は，「環境問題解決への有用性」の観点から環境ビジネスの分類を提示した在間（2011）に基づく。他の分類と定義の議論については岸川（2010）を参照されたい。

本研究の目的は，環境ビジネス・イノベーションを志向する中小企業の特性，環境ビジネス成功の条件，および，情報支援制度の効果を明らかにすることである。「環境」が経済成長の重点分野として位置づけられる今日では，新事業開発として環境ビジネスに挑む中小企業も登場している[6]。他方，中小企業庁（2012）は，中小企業は販路開拓等多くの経営課題を抱えているものの定期的な経営相談が十分ではなく，的確な助言を受ける支援が重要であることを指摘している。本研究は，環境ビジネスを実施する中小企業やその支援を検討する行政に寄与しうるものである。

　本研究では，支援制度で認定された中小企業に対して質的調査を実施した。リサーチ・クエスチョン（以下ではRQと略す）は，「①環境ビジネスに挑戦する中小企業はどのような企業か」，「②環境ビジネスに取り組む企業は環境マネジメントにも取り組んでいるか」，「③環境ビジネスが成功している企業の特徴は何か」，「④中小企業への情報支援は事業や経営にどのような影響を及ぼすか」，「⑤制度の課題は何か」である。

　以下，第2節では，中小企業の環境経営に関する既存研究における本研究の位置づけと意義を示す。第3節では調査対象の制度および調査実施の概要を述べる。第4節は新事業として環境ビジネスに取り組む中小企業の企業特性を整理し，上記RQ①②を明らかにする。第5節では，事業や経営における情報支援の効果に焦点を当て，上記RQ③④を明らかにする。さらに，上記RQ⑤の，制度デザインの課題について考察する。第6節で総括し今後の研究課題を示す。

2．中小企業の環境経営研究における本研究の位置づけ

2-1．中小企業の環境経営の戦略と要因

　Haden, et al.（2009）は既存研究のレビューから，環境経営を「組織全体にわたるプロセスにおいて，イノベーションを応用して持続可能性・廃棄物削

（6）　例えば，中小企業基盤整備機構（2010）を参照。

減・社会的責任・継続的学習や開発による競争優位を達成すること，および，環境の目標・戦略を組織の目標・戦略に統合して取り入れること」と定義できると指摘している。つまり，環境経営は，単に環境保全活動を指すのではなく，「競争優位」や「戦略」の視点を組み込むものである[7]。

環境経営の戦略は，「リアクティブ型」と「プロアクティブ型」に大別される[8]。一般的に，リアクティブ型は環境法規制への対応にとどまる活動とされている。法規制への対応でも，将来の規制強化を予測して先取りする場合には，リアクティブではなくプロアクティブな活動である。法規制は国・地域・対象により差があるため，法規制の強い国の企業から要請を受けて対応する場合や，取引先大手企業から要請を受けて対応する中小企業の場合も，リアクティブ型と解釈できる。ただし，要請以上の活動を行う場合にはプロアクティブな活動となりうる。プロアクティブ型は，自発的に取り組む活動を指す。規制や要請を超えて環境負荷を削減することや，環境ビジネスで収益向上を目指すこと，さらに社会貢献活動などが含まれる。

プロアクティブな環境経営を行う企業の要因について，González-Benito (2006) は既存研究レビューから，「ステイクホルダーの圧力」「立地や業界等の外部要因」「規模，国際化，バリューチェーンでの位置，経営や戦略に対する態度等の企業属性」を挙げている。

中小企業の環境経営の戦略と要因に関しても多くの研究がなされてきた。der Brío and Junquera (2003)，Worthinton and Patton (2005)，および，Williamson, et al. (2006) の実証研究では，中小企業の環境経営がリアクティブであることを示している。その要因として，中小企業の経営資源制約が指摘されてきた。

しかし，近年では，異なる実証結果も報告されている。Aragón-Correa, et al. (2008) は既存研究レビューから，リアクティブからプロアクティブまで幅

---

(7) 中小企業の環境経営では「環境改善」という用語も用いられ，例えば，Parker, et al. (2009) は「技術変化と環境への悪影響を削減する実践」としている。
(8) 例えば，金原 (2005) を参照。

広く存在することを示している。Hitchens, et al. (2004) や Bos-Brouwers (2010) は，規制志向が少数派であると指摘している。Noci, G. and R. Verganti (1999) や Lee, K.-H. (2009) の事例研究では，技術的ケイパビリティのある革新型の中小企業はビジネスにおける環境経営の実践に取り組んでいることを示している。また，在間 (2008) は，機械・金属業およびプラスチック加工業の中小企業400社へのアンケート調査から，環境パフォーマンスに影響を与える要因として，「企業規模，経営資源，下請けや自社開発の比率，輸出の有無，開発や販売などの強みといった企業属性」，「取引先からの要求，市場の競争の厳しさといった外的要因」を指摘している。

2-2．中小企業の環境経営に対する支援に関する研究

Parker, et al. (2009) は，既存の実証研究レビューから，中小企業のタイプ別に介入の効果を分類している。それによると，リアクティブ型の中小企業へは強制的な規制や金銭的ペナルティが有効であるが，プロアクティブ型では，自発的規制，財政支援，事業へのアドバイスなどが有効である。在間 (2008) では統計的解析から取引先や認証機関などによる環境情報支援が有益であることを示しており，在間 (2010) はインタビュー調査から中小企業支援機関や自治体等による支援活動の現状を整理している。

2-3．本研究の位置づけと意義

本研究は，環境ビジネス・イノベーションに取り組む中小企業の特徴に着目しており，中小企業のプロアクティブ性やその要因に関する実証研究に位置づけられる。本研究の意義の1つは，複数企業への質的調査から，在間 (2008) など既存の量的調査結果を確認することである。

本研究は，第1節でも述べたように，中小企業の環境経営支援に関する研究にも位置づけられる。意義の2つは，在間 (2010) を踏まえて具体的な事例を取り上げ，その効果や課題を解明することである。

さらに，本研究は，同一の制度を利用する複数の中小企業への質的調査から，

環境経営の特徴と制度の効果をリンクさせて解明するものである。このような研究は，著者の知る限り，これまでになされていない。

3．調査対象制度と調査対象企業

3-1．企業価値創出支援制度の目的と支援内容[9]

　（財）京都市中小企業支援センター（以下では「支援センター」と記す）は，京都市が100％出資する外郭団体で，個別企業への支援を目的とする組織である。支援センターは，中小企業への融資事業を担ってきた（財）京都市小規模事業金融公社と，経営指導を担ってきた京都市中小企業指導所を統合して，平成13年4月に設立された組織である。

　企業価値創出（バリュークリエーション）制度は，京都市の約7万社の中小企業全業種の中から「京都にしかない」あるいは「日本にしかない」技術やサービスで第二創業に取り組む優秀な中小企業100社を「オスカー認定」して，個別の支援をする制度である。「オスカー認定」は，「映画のオスカー賞のように優秀な」企業・事業という意味で名づけられている。この制度は，京都市が地域経済活性化に向けて策定した「京都市スーパーテクノシティ構想」に掲げられた「2010年までに100社認定」という数値目標を達成するために設置された。以下では「オスカー認定制度」と略す。

　この制度の特色の1つは，少なくとも試験販売に至っている第二創業を対象とすることである。つまり，事業計画の「タマゴ」の段階ではなく，事業が動き出した「ヒヨコ」の段階を対象とし，「ヒヨコ」が「ニワトリ」になる期間を半分にする支援を行うことが目的である。「元気な企業」をさらに元気にする制度を通して，新事業による雇用創出や納税の増加へ導く意味がある。

　企業選定は，学識経験者を含む10名の外部審査員と支援センターのマネージャー4名により，書類審査，現場審査，オーディションの3段階の審査を経て

（9） 2009年9月10日に著者が実施した，京都市中小企業支援センターのコーディネーター・澤井寛治氏へのインタビューより。

実施される。認定される企業は2通りあり，公募情報を知って応募するケースと，支援センターのマネージャー等がビジネスショー等で発掘するケースがある。応募企業に対する認定企業の割合は，4割強である。

マネージャーは，申請段階で財務状況の健全性をチェックし，不健全な場合は立て直すことをアドバイスし申請には至らない。また，申請を企業価値の変革につなげるために，社長が勝手に申請するのではなく，企業ぐるみで申請することをアドバイスしている。

オスカー認定制度の支援内容は，補助金ではなく，「知恵」の提供を主としている。主な支援メニューとしては，以下の4つがある。1つは，支援センターが実施している融資や立地など他の支援制度を利用できることである。2つは，マネージャーや民間企業OBの支援員の人脈などを生かした情報支援を行うことである。例えば，取引のノウハウや中小企業が気づいていない強みを生かすアドバイスを行うことや，知的財産など中小企業独自では難しい情報を専門家派遣で支援することがある。また金融機関のビジネスショーに推薦する支援もある。3つは，年に2回以上開催される交流会「オスカークラブ」に参加し，専門家や企業との交流ができることである。2008年からは，通常の交流会に加えて若手研修会も実施した。中小企業自身が若手従業員の研修を実施することは費用的・時間的にも困難であり，それを補完するものである。4つは，国や自治体の表彰制度に推薦することである。

3-2．調査の対象と調査方法

オスカー認定制度では，目標の2010年より1年前倒しで100社認定が達成された[10]。100社のうち環境ビジネスに分類できる事業は15社で，その中から，電子・機械・金属・化学の製品・部品の企業7社を対象とした。これは，在間(2008) の実証研究結果との比較可能性を考慮したためである。

インタビューの手法は，大まかな質問項目を伝えておき話の内容に沿って質

---

(10) 2011年より第2期の認定が始まっている。

表1　オスカー認定企業の環境ビジネス

	A社	B社	C社	D社	E社	F社	G社
本　業	金型製造・プラスチック成型加工・緩衝材	段ボール・包装材製造販売	パーツハンドリング・省配線機器製造	アルミ関連建材・騒音対策壁設計・施工	ガス機器点火装置・電飾パネル等製造	小型精密機械部品加工・表面処理	化学製品・建築材料・金属材料卸売
認定事業	古紙・竹等利用の発泡緩衝材	新素材緩衝材利用パッケージ	省エネ型システム	アルミ防音パネル	LED電飾板	鉛・クロムフリー表面処理	環境配慮型害虫忌避剤
認　定	2003年10月	2007年7月	2007年11月	2006年11月	2003年10月	2005年11月	2003年10月
調査日	2010.2.16	2011.12.15	2012.2.22	2011.11.17	2012.2.27	2011.12.1	2012.2.20

問を進める半構造化面接法である。各社とも，経営者に約2時間インタビューを行い，可能な限り工場などの現場を見せていただいた。

表1に，7社の本業，および認定を受けた第二創業のビジネス，認定時期と調査日を記す。

3-3．対象企業の環境ビジネス・イノベーション

表1より，いずれの企業も本業と技術的なシナジーが働く分野での環境ビジネスに進出していることがわかる[11]。インタビューより新規性について表2にまとめた。

表2に示すように，新規性の点では，A・F社は新材料・新製法，B・D・G社は新材料の新用途，C・E社は技術応用による新製品である。これらの企業は，経営者が新しいと知覚した材料や製法を応用して新事業を具現化しており，環境ビジネス・イノベーションを志向する企業であると言える。

4．環境ビジネス・イノベーションに取り組む企業の特性

本節では，第1節で述べたRQの①と②を明らかにする。環境ビジネス・イ

---

[11] 石川（2012）は，コンサルティングを通して，環境ビジネスの事業展開では，本業をしっかり運営しながら自社の強みを最大限に活用することが重要であると指摘している。

表2　環境ビジネスの新規性

イノベーション のタイプ	企業	内容
新材料・新製法	A社	発泡剤不使用の発泡緩衝材。製品特許取得 水蒸気による発泡。紙としてリサイクル可能
	F社	自社開発の無電解ニッケルで黒い表面処理 国際レベルでも画期的な技術
新材料の新用途	B社	新素材フィルム（他社）を自社段ボールと組合せ
	D社	自動車部品のアルミ製防音材を自社技術（アルミ加工）と組合せて簡易型防音材
	G社	比較的安全な害虫忌避剤を浴衣に塗布
技術応用による 新製品	C社	省エネ型の組合せ
	E社	LEDの応用

ノベーション志向の企業の特性を分析するために，「中小企業のイノベーション能力」「環境経営のプロアクティブ性」という2つの観点を用いる。

4-1．中小企業のイノベーション能力

　Bos-Brouwers（2010）は，既存研究レビューから，中小企業のイノベーションの利点は，「組織の柔軟性」と「経営者」であると整理している。Bos-Brouwers（2010）は，中小企業の組織の柔軟性として，官僚制的でないこと，技術や市場の環境変化に敏感であること，および，内部のコミュニケーションが早く効率的であることという3つの特徴を挙げている。経営者については，企業家精神や水平的なリーダーシップスタイル，アイデア創出といったイノベーションへの直接的関与が特徴であり，イノベーションプロセスにおける経営者の役割が非常に重要であると指摘している。

　組織の柔軟性の特徴に関連する事柄として，「社長自ら朝一番に出社しトイレ掃除を実施している」ことや「社内のコミュニケーションが活発である」ことなどが，インタビューした複数の企業から聞き取れたが，対象とする事業との関わりが明確になる情報を得ることはできなかった。

しかし，インタビューした7社の経営者は，自社の強みを認識し新事業展開に重要な役割を果たしていることが明らかになった。特に，外部との関わりで自社の環境ビジネスを展開するという特徴があり，次の3つに分類できる。

1つは，外部の異業種他社との連携で，新事業を展開することである。A社の経営者は異業種交流に積極的で，経営目標として掲げた新事業へも他企業との連携を活用した。G社も，経営者自身が積極的に，異業種や大学との連携で複数の事業を展開している。

2つは，外部から専門家を招いて，自社に不足する技術や知識を補い事業展開することである。異業種連携では，自社が持たない技術や知識を他社が補うのに対し，専門家招致ではあくまでも自社の経営資源を補完することになる。E社は，環境技術を自社製品に応用するため，経営者自身が関わって専門家による学習会を行い，企業買収も行った。

3つは，外部から新素材を取り入れて自社独自の事業を展開することである。B社では，創業以来，時代の変化を先取りして包装材料を選択しており，経営者自身が他の企業が開発した新素材を見つけて自社製品に応用した。D社では，先代経営者が他業種で利用されていた素材を偶然見つけたことをきっかけに，現経営者が事業化した。

4-2．環境経営のプロアクティブ性

表3は，7社の環境マネジメントシステム認証取得の有無，その背景，特徴的な環境活動についてまとめたものである。

認証取得しているのは6社で，「取引先からの要求に応じて」「業界で必須のため」取得したのはB・C・F社で，「要求がない段階で取得」はA・E・G社であった。後者はプロアクティブな行動であると言える。前者のB・C・F社でも，「製品の環境配慮」「電力のデマンド管理」「条例より厳しい自社基準遵守」「社会活動」というように，プロアクティブな環境経営活動を展開している。

González-Benito（2006）や在間（2008）が抽出したプロアクティブ性の関連

表3　オスカー認定企業7社の環境経営活動

	A社	B社	C社	D社	E社	F社	G社
EMS認証取得	KES	KES	ISO14001	なし	ISO14001	ISO14001	KES
取引先からの要求・経営者の態度・特徴的な環境活動	・要求はあったがそれ以前から自発的に準備しており取得	・取引先からの認証取得要求大・製品と環境問題が関連し製品の環境配慮に積極的・大学と連携で社会活動	・取引先からの要求あり取得・先代から経費削減として電力のデマンド管理実施・環境配慮商品をプラスの環境側面に	・取引先からの要求はない・リサイクルなど当り前の活動はしているので，現在は環境よりも顧客への投資を重視	・要請はなかったが自発的に取得・徐々にレベルを向上・従業員アンケートによる改善実施	・環境対応は必須の業種で，ISOは当然と考えて取得・条例等より厳しい自社基準を順守，電力のデマンド管理も実施	・ISOは重要だと考えていたが，取引先からの要求はないのでコスト面でKESを取得・それまでの実践をシステム化した

表4　オスカー認定企業7社の強み・国際性・経営者の態度

	A社	B社	C社	D社	E社	F社	G社
強み	難易度の高い事業	時代の変化・ニーズに合わせた事業展開	標準品を持ちながらきめ細かにカスタマイズ	データ・ノウハウ蓄積，従業員の資格取得	今日の技術要求を翌日に対応できるスピード	特殊な処理の技術・研究開発	異業種の顧客から勉強し用途開発
輸出（直接・間接）・海外拠点等	あり	展示会に出展	あり海外拠点設立中	あり	展示会に出展・海外拠点あり	あり	あり展示会に出展
経営者の考え・行動	・10年で新事業を2つつくることや毎年の経営目標を従業員に宣言・業界団体で積極的な活動・異業種交流会に積極的に参加	・創業以来の事業の定義を軸にして，時代の変化に対応して素材や方法を変化させてきた・伝統と革新の視点	・省エネ関連で積極的な商品開発・他企業との連携で新たな商品開発	・先代経営者のときからモノづくりが好き・難しい商品だからシンプルに売る・自分の足で営業	・従業員満足により顧客満点・失敗を機に専門家を招き社内学習・研究開発強化し自社開発・がむしゃらな努力の積み重ね	・価格競争は避けオンリーワン・業界などの展示会に積極的に出展・同業種・異業種交流会の活動も受注に役立つ	・環境や安全に関係する製品であるため，全従業員が資格取得し対応・好奇心をもつ・大学研究室との連携にも積極的

要因のうち，インタビューから，7社に関係する事項としては「ステイクホルダーの要求」「経営者の態度」「強み」「国際性」があった．表4にまとめる．

「ステイクホルダーの要求」については，表3に示したように，要求の有無

にかかわらずプロアクティブ性が見られた。経営者は時代の要請や製品との関連を認識していた。つまり「経営者の環境経営に関する意識」が高いと言える。また，「経営面の態度」においても，表4に示すように，事業開発および異業種交流・連携に積極的であった。

「強み」については，「難易度」「特殊」「資格」といった技術的側面，「時代の変化」「カスタマイズ」「対応のスピード」といった適応的側面，「情報の蓄積」「異業種から勉強」といった知識的側面があった。

「輸出・国際化」については，7社とも，「輸出」「海外拠点」という国際化の特徴を持っていた。

これらの結果は，既存の実証研究結果を支持していると言える。

5．成功する企業の特徴と情報支援の効果

本節では，第1節で述べたRQの③④⑤を明らかにする。

5-1．認定事業と情報支援の効果

インタビューした7社について，認定応募の背景，事業の位置づけ・成果・課題，および，受けた情報支援の内容・実感する効果を，表5にまとめた。

応募の背景では，第3-1節での「公募型」「発掘型」の分類では，A・C社が公募型で他は発掘型になる。インタビューで経営者が「目標」「チャレンジ」という言葉を用いたのは，A・B・C社で，この3社は積極的な応募であると言える。以後，この3社を「積極応募型」と記す。

第3-1節で記した4つの支援については，以下のことが明らかになった。第1の「支援センターの他の支援情報」を利用したのはB社である。第2の「マネージャー・支援員の人脈等を活用した情報支援」は具体的に，「事業フォロー・中小企業診断士の派遣」「行政等の支援情報提供」「テレビ等マスメディア紹介」「ビジネスマッチング」があり，すべての企業が何らかの支援を受けていた。第3の「交流会や若手研修会」では，A・B・C・E社が利用してい

中小企業の環境ビジネス・イノベーション　157

表5　オスカー企業の応募事業と情報支援

	A社	B社	C社	D社	E社	F社	G社
応募の背景	オスカー認定を経営目標として掲げて自ら応募	関係者の知人から勧められて応募	経営者仲間から聞き自ら応募	取引先銀行を通して支援センターから要請があった	以前に他賞を受賞した関連で応募を要請された	応募の要請があった	取引先銀行から勧められて応募
事業の位置づけ	新事業の柱の一つ	産学連携での新事業開発	チャレンジ	核となる事業	数年前から基幹事業の一つ	対外的にも画期的な技術	他企業依頼による新事業
売上に占めるシェア	20％弱まで達成	約1％（新素材製品全体で約4％）	問合せはあったが成約はなし	約70％	約40％弱		
受けた経営支援	・事業のフォロー ・社外での事例発表の機会	・マスコミでの紹介 ・交流会で製品紹介 ・様々な相談	・他企業への紹介 ・行政の支援・制度の情報提供 ・テレビ等で紹介 ・交流会活動	・中小企業診断士の派遣 ・ビジネスマッチング ・他の賞の推薦・受賞	・交流会活動	・テレビでの紹介 ・ビジネスマッチング	・各種の情報提供 ・ビジネスマッチング
支援効果の実感	・支援担当者の来社により情報整理に役立った ・「見えないもの」の効果を実感	・宣伝効果があった ・専門家と知り合い取り組み進んだ ・販路支援および相談窓口が役立った	・小まめな連絡で密に接してもらい，経営に役立った ・他の助成も受けることができた ・交流会も継続して参加している	・マッチングでは成約はなかった ・人の紹介よりも，自分の足で顧客に出向くことが商売につながると考えている	・交流会などで出会いの場になっていると思う	・知名度を上げるいろいろなPRをしてもらえた	・実際にマッチングやジョイントには至らなかった
認定による効果の実感	・社外での事例発表や新聞などで紹介された ・金融機関の評価が高まった	・第三者機関に認めてもらえることで信頼感・安心感を与えることができ販路に結びついた	・人脈が広がり営業がしやすくなった ・金融機関の評価が高まり融資条件がよくなった	・仕事での信頼性は高まっている	・専門家も交えて中小企業の具体的な経営課題について議論・助言する場があるとよいと思う	・信頼性が高まったと思う ・認定が直接受注に結びつくわけではない	・ネームバリューが高まった
オスカー以外の認定・受賞	あり	あり		あり	あり		

た。第4の「国・自治体の賞への推薦」はD社が該当する。

支援による効果の実感では，積極応募型のA・B・C社の経営者は具体的に役立ったと感じていた。また，オスカー認定による効果については，7社とも信頼性の向上を挙げており，積極応募型でその感じ方が強いことがわかった。

5-2．環境ビジネスとして成功する企業の特徴

オスカー支援制度は第二創業の支援であるので，事業の「成功」を，ここでは売上に占めるシェアから検討する。表5より，売上に占めるシェアが高いのは，D・E・A社である。これらの企業では，「自社で基幹事業や柱として位置づけている」という特徴がある。要請に応えて応募したD・E社は，ある程度成功しているから「発掘」されたとも言える。

また，インタビューから，これら3社の環境ビジネスでは，「技術や環境面での知識の裏づけ」があることも明らかになった。A社では，連携する3社のうち1社は環境経営に関する深い知識を有する企業である。また，石油系発泡剤を用いる発泡材料は，製造が容易であり便利な素材だが，環境負荷が大きいことが従来からの課題であった。A社の製法では，石油に由来するポリオレフィン系の物質を接着機能として一部使用するだけで，石油系発泡剤を使用せず水蒸気で発泡させる。そのため，環境負荷が従来製法より小さくなる。A社の製品は，このような科学的知見に基づくものである。D社は，騒音測定データを自社で蓄積しており，自社製品である簡易型防音装置による騒音削減の効果を数値で示すことができる。「現地で騒音の実測をして，約束した減量効果をクリアしなければ納品できない。そこまでやるのは大変な手間と時間がかかる。その点で，マネが非常にやりづらい商品だと思う。」と経営者が話していた。E社ではLEDに関して専門家による技術指導や勉強を徹底して行い，知識やノウハウを蓄積してきた。

5-3．支援が環境ビジネスの成功に果たした役割

環境ビジネス成功の3社のうち，支援がこの事業に役立ったのは積極応募型

のA社である。「事業化をして，実際，安定して売れ始めるかなというとき」に応募したというA社の経営者は，「オスカー賞の場合は，補助金はないけれども，全部どうなりましたかというフォローを細かくしていただいて，その方が事業の整理にもなりますし，一つの区切りにもなりますし。やっぱり自社だけで進めていったら，なかなか計画どおりいかないんですね。それをもう宣言することによって，このときまでに何とかやっておかないといけないというようなイメージです。」と支援の「見えない効果」について説明した。

これは，図1に示すように，事業の実施にあたってPDCAがうまく回らなかったが，支援員がチェックすることでPDCAサイクルが進むようになったことを意味する。つまり，支援がビジネスのマネジメントに役立ったと言える。

また，売上に占めるシェアが小さいが，B社の場合も支援が事業にマッチしていたと言える。表5に記すように，B社ではオスカー認定が販路にプラスの影響を及ぼした。この点について，経営者は，「当社の場合は，物を作ったはいいけれども，その後の販売っていうところで非常に苦労していました。中小機構さんの販路支援などに，オスカー賞を取られているんやったら間違いないよ，みたいな形で推薦していただいたり」したと話す。つまり，図1に示すように，支援が，経営課題の解決に役立ったと言える。

A社とB社のケースは，「事業が動き出したヒヨコがニワトリになる期間を半分にする支援を行うこと」というオスカー支援制度が掲げる目的を果たしうる事例であると考えられる。

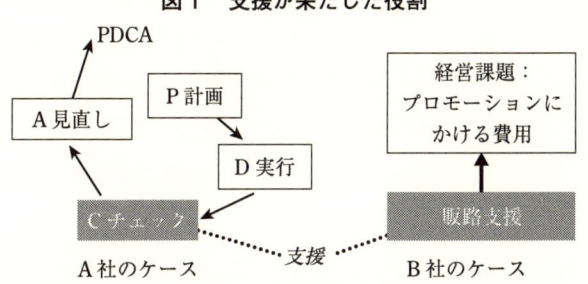

図1　支援が果たした役割

```
        PDCA
         ↑
    ┌────────┐    ┌────────┐         ┌──────────┐
    │ A 見直し│    │ P 計画 │         │経営課題： │
    └────────┘    └────────┘         │プロモーショ│
         ↑            ↓              │ンにかける  │
         │        ┌────────┐         │費用       │
         │        │ D 実行 │         └──────────┘
         │        └────────┘              ↑
    ┌────────┐      ↓                ┌──────────┐
    │Cチェック│←─────────           │ 販路支援  │
    └────────┘    ……支援……            └──────────┘
    A社のケース                        B社のケース
```

表6　経営課題とオスカー認定事業の課題

	A社	B社	C社	D社	E社	F社	G社
オスカー設定事実の課題	開発した素材の応用	条例・規制との兼ね合い	他の製品開発	製品の環境以外のメリット	産業支援が手厚い海外との競争	現在は全体の仕事量の回復が課題	現在は新材料に注力
経営上の課題	もう1つの柱の事業展開	プロモーションにかける費用	顧客内シェア向上	人材	生産の国内回帰 海外展開	仕事量の回復	製品の環境性能の評価

5-3．制度デザインの課題

　表6に，各社の経営課題とオスカー認定事業の課題をまとめる。

　7社が直面している課題には，用途開発や新事業という「事業そのものの課題」，販売促進や受注量増加という「販売活動に関わる課題」，人材・生産拠点という「経営資源に関わる課題」，条例や産業支援のような「政策に関わる課題」，製品の環境情報のような「技術に関わる課題」があることがわかる。前節で明らかにしたように，B社は抱える課題に支援がマッチしていた。しかし，他のケースでは必ずしもそうではない。したがって，制度デザインの課題として1つは，抱えている課題を丁寧に聞き取り把握すること，そして，課題にマッチする支援の実施や支援情報の提供を行うことである。

　また，上述のように，環境ビジネス成功事例では，環境面での技術や知識の裏づけがあった。現在の支援では，中小企業診断士や経営経験者を派遣しているが，成功へ導くには，技術面での支援も検討する必要がある。さらに，事業化の段階により直面する課題は変化するので，対応する支援を組み込むこと[12]も必要だと考えられる。環境に関する技術・知識や，事業の各段階での課題対応について，すべてをオスカー認定制度に組み込むことは不可能である。オスカー認定制度によって中小企業基盤整備機構の支援につながったB社の事例のように，必要な支援について他機関と連携することが有効だと考えられる。制度デザインの課題の2つは，他機関との連携の仕組みを構築することで

---

(12) 事業の段階に適した人材支援の役割については，例えば，上島（2006）の株式会社モリカワの事例を参照されたい。

ある。

6. 総括と今後の研究課題

　本研究では，中小企業の優れた新規事業を認定し助言など情報支援を行う京都市の企業価値創出支援制度を取り上げ，環境ビジネスで認定された中小企業へのインタビュー調査を行った。本研究の目的は，環境ビジネス・イノベーションを志向する中小企業の特性，環境ビジネス成功の条件，および，情報支援制度の効果について解明することであった。そのために，5つのリサーチ・クエスチョン（RQ）「①環境ビジネスに挑戦する中小企業はどのような企業か」，「②環境ビジネスに取り組む企業は環境マネジメントにも取り組んでいるか」，「③環境ビジネスが成功している企業の特徴は何か」，「④中小企業への情報支援は事業や経営にどのような影響を及ぼすか」，「⑤制度の課題は何か」を立てた。

　5つのRQに関して，得られた結果は以下の5つの事項である。

　第1の環境ビジネス・イノベーションに挑む中小企業の特徴は，「外部との関わりで自社の環境ビジネスを展開していること」である。具体的には「外部の異業種他社との連携で新事業を展開」「外部から専門家を招いて自社に不足する技術や知識を補い事業展開」および「外部から新素材を取り入れて自社独自の事業を展開」という3つのタイプが見られた。これらは，社外の技術を利用するインバウンド型のオープン・イノベーションと言える[13]。武石（2012）は，オープン・イノベーションは，「価値の創造と獲得の優れたメカニズム」[14]において「適格な手段として利用されて初めて効果を発揮する」と指摘

---

(13) オープン・イノベーションとは，Chesbrough（2003）が提示した概念で，「企業内部と外部のアイデアを有機的に結合させ，価値を創造すること」（邦訳 p. 8）である。武石（2012）は，「イノベーションの源となるアイディア，知識，技術を社外にも求め，また社内にある技術の活用を社外にも求める考え方であり，そのようにして生み出されるプロセスのこと」と記し，社外の技術を利用するインバウンド型と，社内の技術を外部で活用するアウトバウンド型の2タイプがあると述べている。

している。本研究で見出された各企業における「外部との関わりで自社の環境ビジネス展開」が，武石（2012）の意味でのオープン・イノベーションかどうかについては，さらに調査を追加し検討する必要がある。

第2の環境経営の取り組みについては，「プロアクティブであること」が示された。具体的な行動としては，「要求がない段階で環境マネジメントシステムの認証を取得」および「要求により認証取得した企業でも進んだ取り組み」があった。また，「経営者の態度」「強み」「国際化」という点で実証研究結果を支持することも示された。

第3の環境ビジネスに成功する企業の特徴は，「自社で基幹事業として位置づけている」および「技術や環境面での知識の裏づけがある」ことであった。

第4の情報支援による経営への効果では，積極的に応募した企業がより支援の効果を実感していること，および，ビジネス成功事例において「事業のPDCAをサポート」「抱える経営課題の解決をサポート」という経営に対する効果をもたらしたケースがあることも示した。

第5の制度の課題としては，「課題にマッチする支援の実施や支援情報の提供」および「他機関との連携の仕組みを構築」の必要性を論じた。

これらの5つの結果を総括すると，研究目的の「環境ビジネス・イノベーションを志向する中小企業の特徴」「環境ビジネス成功の条件」「情報支援制度の効果」に関して，以下の3点が解明された。

第1に，環境ビジネス・イノベーションを志向する中小企業は，「プロアクティブな環境経営」と「インバウンド型のオープン・イノベーションによる新事業展開」という特性がある。

第2に，環境ビジネス成功の必要条件[15]として，「環境面の知識・技術の裏

---

(14) 武石（2012）は，「価値の創造と獲得のメカニズム」を，Chesbrough（2003）の「ビジネスモデル」に対応させている。

(15) 本研究では，環境ビジネスに成功している企業の特徴を検討した（第5-2節）ため，環境ビジネス成功の必要条件を明らかにしたものであり，十分条件ではない。そのため「条件」と記さず「必要条件」と明記した。

付け」があり「基幹事業として位置づける」ことを挙げることができる。

第3に,本研究対象の情報支援制度については,「事業が動き出したヒヨコがニワトリになる期間を半分にする支援を行うこと」という制度の目的を果たしている事例が見出された点で,中小企業の経営にプラスの効果を持ちうると言える。ただし,上述の第5で述べたように,制度設計における課題は残されている。

今後の研究課題は,以下の3つである。

1つは,調査対象の拡大である。他業種の環境ビジネス・他の情報支援制度を含めた分析,および,環境ビジネスと他の事業での比較がある。

2つは,オープン・イノベーションに焦点を当てて,中小企業の環境経営や環境ビジネスにおけるイノベーションの特徴と「価値の創造と獲得のメカニズム」(武石(2012))を解明することである。

3つは,企業調査を踏まえたモデル化により,情報支援制度の有効なデザインを検討することである。例えば,Zaima (2013) は,実証研究を踏まえて,中小企業の環境経営促進策の効果を検討するためのエージェントベースモデルを提示している。本研究の内容を反映したモデル化を検討することも必要である。

【謝辞】 本研究は,日本学術振興会・科学研究費助成事業(学術研究助成基金助成金)・基盤研究 (C)・課題番号23510057(研究代表者・在間敬子)により助成を受けている。ここに記して謝意を表す。また,多忙な中インタビューに応じてくださった方々に感謝いたします。改定前の論文に対して,「企業と社会フォーラム第2回年次大会」の参加者,および,2名の査読者から,有益なコメントとアドバイスをいただきました。お礼申し上げます。

参考文献

Aragón-Correa, J. A., Hurtado-Torres, N., Sharma, S. and V. J. García-Morales (2008) "Environmental strategy and performance in small firms: A resource-based perspective", *Journal of Environmental Management*, Vol. 86, pp. 88-103.

Bos-Brouwers, H. E. J. (2010) "Corporate Sustainability and Innovation in SMEs: Evidence of Themes and Activities in Practice", *Business Strategy and the Environ-*

ment, Vol. 19, pp. 417-435.

der Brío, J. Á. and B. Junquera (2003) "A review of the literature on environmental innovation management in SMEs: implications for public policies", *Technovation*, Vol. 23, pp. 939-948.

Chesbrough, H. W. (2003) *Open Innovation : The New Imperative for Creating and Profiting from Technology*, Harvard Business School Corporation. ヘンリー・チェスブロウ著・大前恵一朗訳『OPEN INNOVATION—ハーバード流イノベーション戦略のすべて』産業能率大学出版部, 2004年

(独) 中小企業基盤整備機構 (2010)『中小機構調査レポート No. 6中小企業の環境ビジネス参入に関わる短期調査』

中小企業庁 (2010)『中小企業白書 (2010年版)』平成22年4月

中小企業庁 (2012)『中小企業白書 (2012年版)』平成24年4月

Esty, D. C. and A. S. Winston (2006) *Green to Gold : How Smart Companies Use Environmental Strategy to Innovate, Create Value, and Build Competitive Advantage*, Yale University Press.

González-Benito, J. and Ó. González-Benito (2006) "A Review of Determinant Factors of Environmental Proactivity", *Business Strategy and the Environment*, Vol. 15, pp. 87-102.

Haden, S. S. P., Oyler, J. D. and J. H. Humphreys (2009) "Historical, practical and theoretical perspectives on green management : An exploratory analysis", *Management Decision*, Vol. 47, No. 7, pp. 1041-1055.

Hitchens, David M. W. N., Trainor, M., Clausen, J. et al. (eds.) (2003), *Small and Medium Sized Companies in Europe : Environmental Performance, Competitiveness and Management : International EU Case Studies*, Springer, GW

石川憲昭 (2012)「環境ビジネスを絶対成功に導く市場探索と感性価値と協力関係」『近代中小企業』2012年2月号, pp. 8-12。

金原達夫・金子慎治 (2005)『環境経営の分析』白桃書房。

岸川善光 (編著) (2010)『エコビジネス特論』学文社。

Lee, K.-H. (2009) "Why and how to adopt green management into business organizations? The case study of Korean SMEs in manufacturing industry", *Management Decision*, Vol. 47, No. 7, pp. 1101-1121.

Noci, G. and R. Verganti (1999) "Managing 'green' product innovation in small firms", *R&D Management*, Vol. 29, No. 1, pp. 3-15.

Parker, Craig M., Redmond, Janice, & Mike Simpson (2009) "A review of interventions to encourage SMEs to make environmental improvements," *Environment and Planning C : Government and Policy*, Vol. 27, pp. 279-301.

Rogers, E. M. (2003) *Diffusion of Innovations*, 5th edition, Free Press. (三藤利雄訳『イノ

ベーションの普及』翔泳社,2007年)
シュムペーター,J. A.(1977)『経済発展の理論』岩波文庫.
武石 彰(2012)「オープン・イノベーション:成功のメカニズムと課題」『一橋ビジネスレビュー』60巻2号,pp. 16-26.
谷本寛治編著(2004)『CSR経営 企業の社会的責任とステイクホルダー』中央経済社.
上島東一郎(2006)「株式会社モリカワ 中小企業・ベンチャー企業の成長戦略―環境ビジネスへの挑戦―」『テクノロジーマネジメント』2006/10,pp. 34-39.
Williamson, D., Lynch-Wood, G., and J. Ramsay (2006) "Drivers of Environmental Behavior in Manufacruring SMEs and the Implications for CSR", *Journal of Business Ethics*, Vol. 67, pp. 317-330.
Worthinton, I. and D. Patton (2005) "Strategic Intent in the Management of the Green Environment within SMEs", *Long Range Planning*, Vol. 38, pp. 197-212.
在間敬子(2005)「グリーン圧力が中小企業に及ぼす影響に関する実証分析:機械・金属業のケース」『商工金融』第55巻第11号,pp. 21-37.
在間敬子(2007)「中小企業の環境経営の現状と課題:機械・金属業とプラスチック業の業種間比較と経年比較から」『商工金融』第57巻第5号,pp. 47-60.
在間敬子(2008a)「第12章 環境マネジメント」『マネジメントを学ぶ』京都産業大学経営学部編,ミネルヴァ書房.
在間敬子(2008)「中小企業の環境経営推進の条件に関する実証分析:機械・金属業とプラスチック加工業のケース」『社会・経済システム』No. 29, pp. 67-76.
在間敬子(2010)「中小企業の環境経営に対する支援の現状と課題:地域社会における環境コミュニケーションデザインに向けて」『社会・経済システム』第31号(No. 31), pp. 45-58.
在間敬子(2011)「第6章 環境ビジネスを活かすソーシャル・ビジネス:「環境+α」の価値を持たせる」大室悦賀・大阪NPOセンター編著『ソーシャル・ビジネス―地域の課題をビジネスで解決する』中央経済社.
Zaima, Keiko (2013) "Conditions to Diffuse Green Management into SMEs and the Role of Knowledge Support: Agent‐Based Modeling," *Journal of Advanced Computational Intelligence & Intelligent Informatics* (*JACIII*), Vol. 17, No. 2, 印刷中

低炭素イノベーションの進行と日本企業の
新たな競争優位の可能性
―「関係性」ベース戦略の構築―

所　伸之　日本大学商学部教授

1. はじめに

　Schumpeter (1934) の景気循環論に従えば，21世紀前半の景気を主導するイノベーションは低炭素イノベーションである。現在，ハイブリッドカーや電気自動車，太陽光発電パネル等の低炭素製品が次々と開発され，市場に普及している。経済のグローバル化が加速する中で，こうした低炭素製品の開発競争は激しさを増しており，日本，韓国，中国等のアジア諸国はそうした競争を主導する立場にある。このような状況において，日本企業がいかにして持続的な競争優位を獲得していくかを考察することが本稿の目的である。

　周知のように，かつて圧倒的な国際競争力を誇った日本の電機メーカーは現在，苦境に喘いでおり，ソニー，パナソニック，シャープといった大企業は巨額の赤字を計上している。その原因については，これまで識者による様々な分析が試みられているが，論点を整理するとおよそ次のような問題点が浮かび上がる。

　すなわち，日本企業は1970年代～80年代にかけて既存モデルの練磨 (Improvement) により世界最高の競争力を獲得したが，90年代以降，アメリカがIT産業の成長を背景に競争優位のモデルを新規モデルの創出 (Innovation) に変えたため，一転して苦境に立たされている。また，日本企業には技術的な優位性＝競争優位性として捉える傾向が強く，その一方で技術的な優位性を生かして安定した収益を確保する総合的な戦略が欠如している。これまで

(2012年12月11日受稿，2013年2月27日受理)

日本企業はDRAM，液晶ディスプレー，薄型TVにおいて技術的な優位性を有しながら韓国や中国の企業との競争に敗れ，競争優位を失ってきた。日本企業の現在の戦略では，低炭素製品をめぐる競争においてもいずれ競争力を失う可能性が高いというのが多くの識者の見解である。

本稿では，低炭素イノベーションが進行する中で，日本企業の新たな競争優位の可能性を探り，「関係性」ベースの戦略という新たな戦略思考の概念を提案する。

2．既存研究のレビュー

日本企業の競争優位と戦略に関わる研究としては妹尾（2009）がある。妹尾は1990年代以降，世界市場における競争優位のモデルが変わり，オープン・イノベーションに見られるような競争優位を構築する新たなビジネスモデルが次々と登場しているにもかかわらず，日本企業の多くは過去の成功体験から抜け出せず，こうした動きに乗り遅れたことが現在の苦境の原因であると分析する。そして，現在の市場における競争はもはや技術力だけで勝てるものではなく，技術力，知財戦略，ビジネスモデルを組み合わせた総合的な戦略思考が求められるとしている。

さらに，大久保（2010）も日本企業の戦略思考の欠如を指摘している。大久保は，DRAM，液晶ディスプレー，薄型TVといったこれまで日本企業が競争優位を有していた製品が韓国，台湾，中国の企業に敗れ，競争優位を失っていったプロセスを分析している。大久保によれば，これらの製品群は過去においていずれも同じパターンで競争優位を失ったという。そのパターンとはすなわち，日本企業が市場において優勢であるのは先行投資の期間のみであり，製品の普及が進み，投資を回収し，利益を上げる時期になると韓国企業や中国企業の攻勢が一気に始まり，その結果，日本企業の製品は市場から淘汰され，競争優位を喪失したというのである。大久保も妹尾も，日本企業は技術力で敗れたのではなく，技術力の優位を生かす戦略の欠如に問題があったという点で認

識が一致している。しかしながら，これらの研究では具体的にどのような戦略を有するべきなのかについて明確なグランドデザインは示されていない。

一方，Christensen（2001）の研究は，日本企業が何故，競争優位をめぐる新しい動きに乗り遅れたかを考える際のヒントを与えてくれる。Christensenによれば，業界を代表する優良企業が破壊的イノベーションの動きに対応できず淘汰されていくのは，優良企業が現在の地位を獲得するまでの過程で採ってきた戦略，あるいは現在の地位を保つために採っている戦略のためであるという。つまり，優良企業は皆，過去に成功体験を有しており，その成功体験に固執するが故に新たな動きへの対応が遅れることになるのである。

同様の指摘は，Hannan & Freeman（1977）の研究においても見られる。Hannan & Freemanによれば，組織は本来的に強い「慣性（inertia）」を有しており，変化に対する適応能力に劣る存在であるという。これらの指摘は，80年代に既存モデルの練磨（improvement）で頂点を極めた日本企業が，90年代の新たな動きに乗り遅れた理由を説明するのに有益な示唆を与えてくれる。

なお，日本企業の競争優位について分析したその他の研究の中で，本稿が参考にしたものに野中他（1996，2012），伊丹他（2000，2004）の研究がある。また，イノベーションと競争優位に関してはPoter他（1995），Hermosilla他（2009），Foxon他（2008），植田他（2010）等の研究を参考にした。詳しくは本稿末に記した参考文献を参照されたい。

3．研究課題及び方法論

本研究では，以下の2点を研究課題として設定した。
① 太陽電池，リチウムイオン電池の分野において現在，韓国企業や中国企業との競争が激しくなっているが，この競争を勝ち抜くために日本企業が採っている戦略の中身を分析する。
② 低炭素イノベーションが進行する中で，日本企業が新たな競争優位を獲得するためには，どのような戦略を採るべきかについて検討する。

上記の研究課題を遂行するために，本研究では定性的研究手法に基づくフィールド調査を採用した。理由は本研究課題の性質に鑑みて，現場での「深い」聞き取り調査が不可欠であると判断したためである。聞き取り調査にあたっては，調査対象企業に事前に質問票を送り，回答を記入して返送してもらい，回答内容を分析し，その内容をさらに深掘りするという形で担当者への聞き取りを実施した。調査は2009年6月，7月，2010年3月，9月の4回に分けて実施した。調査対象企業は，太陽電池，リチウムイオン電池の生産を手掛ける大手電機メーカー4社である。4社ともに日本を代表する企業であり，いずれも関西を拠点にしている。聞き取り調査の際に，企業名を公表することについて担当者から了解を取らなかったため，本稿ではA社，B社，C社，D社と記載することとする。また，D社に関しては日本国内の本社のみならず，アメリカにあるD社の現地法人も訪問している。

4．低炭素イノベーションの特質と低炭素社会へのロードマップ

　本論に入る前にまず，低炭素イノベーションの特質，及びこのイノベーションが進行し，低炭素社会が構築されていくためのロードマップについて確認しておきたい。

　Schumpeterが「コンドラチェフの波」と名付けた約50年周期で繰り返される景気循環は，蒸気機関や鉄道，電気，自動車，エレクトロニクス等の技術革新によってもたらされたものであったが，こうした過去のイノベーションと本稿で取り上げる低炭素イノベーションの間には大きく異なる点がある。それは，低炭素イノベーションの場合，「環境からの制約」という要因がイノベーションを創造する駆動力となっているという点である。すなわち，二酸化炭素の排出量を削減し，地球温暖化を防止するという明確な「環境からの制約」こそがイノベーションを誘引しているのであって，単に利便性の向上や経済規模の拡大のみを目的としているわけではない。このことは低炭素イノベーションの大きな特質であり，こうした状況の下では仮に，開発された製品がいかに社会の

利便性向上や経済規模の拡大に貢献できたとしてもそれが「環境からの制約」に合致しない限り，全く価値を有しないことを意味する。

さて，低炭素イノベーションが進行し，高炭素社会から低炭素社会へ転換していくためには，様々な低炭素製品が開発され，市場での取引を通じて社会に普及し，社会の制度や価値観が変わっていかなければならないが，このプロセスには「意図された仕掛け」が必要である。何故なら，上記したように低炭素イノベーションには「環境からの制約」という特質が内在しており，このことは低炭素製品の普及を阻む阻害要因となり得るからである。すなわち，「経済性」と「環境性」はある面においてはトレード・オフの関係にあり，二酸化炭素の排出量を削減した製品の開発は，価格や性能等の点において市場競争力に劣る可能性が高いからである。

本稿では「共創」「共振」「共感」という概念を用いることで，「意図された仕掛け」を理論的に整理し，低炭素社会へのロードマップを示したい。そして，その作業を通じて日本企業の直面する課題を浮き彫りにする。

4-1．政府と企業の「共創」による市場の創造

低炭素製品の開発，普及を促す最初のステップは政府と企業の「共創」による市場の創造である。「共創」という概念は近年，様々な領域で用いられるようになっている。例えば，プラハラード（2004）は21世紀の市場においては，企業と消費者が「共創」により価値を生み出していく必要があると主張している。また上田（2004）によれば，工学の分野でも共創工学という新しい研究分野が誕生し，共創のメカニズムについて工学的なアプローチから研究が行われているという。

低炭素製品の開発，普及のプロセスにおいて政府の役割が期待されるのは何故か。それは低炭素製品の市場での競争力が，特に導入時において競合他製品に比べて劣っている場合が多いからである。例えば現在，注目を浴びる電気自動車であるが，二酸化炭素の排出量だけで見ればガソリン・エンジン車やハイブリッドカーに比べて圧倒的に優れているが，価格や走行性能等の点で劣って

いるため，顧客の顕著な購買行動には結び付いていない。

　低炭素製品に対する政府の支援策として最も一般的な施策が補助金と優遇税制である。実際，ハイブリッドカーや太陽光発電パネルの普及に際しては，政府の補助金や優遇税制が大きな役割を果たしている。また電気自動車にしても，政府のこうした支援策がなければ，現状ではとても市場で競争できる水準の価格ではない。さらに，太陽光や風力，地熱等の自然エネルギーを普及させるための支援策として，電力会社に自然エネルギーを一定量買い取らせる制度（RPS）や一定価格で買い取らせる制度（FIT）の効果も実証されている。

　政府と企業の「共創」による市場の創造は，低炭素イノベーションを進行させていく上で最初の鍵となる。市場が創造され，利益が見込める状況が生まれれば，参入する企業が増え，競争原理が作用して低炭素製品の市場競争力の向上が図られるからである。逆に，市場の創造がなされず，またなされたとしても極めて脆弱で需要が喚起されない場合は，折角の低炭素製品も不良在庫と化してしまうことになろう。したがって，低炭素製品の開発，普及プロセスにおける政府の役割は大きく，「大きな政府」による積極的な関与が求められる。

4-2．技術革新の「共振」

　政府と企業の「共創」により低炭素製品の市場が創造されると，利益を求めて参入する企業が増加し，市場競争原理が作用するようになる。市場競争原理とは突き詰めて言えば，当該製品を価格，性能，品質，ブランド等において顧客の購買行動に結びつく水準にまで高めるべく，企業間で競争と協調を実践する仕組みである。現在，電気自動車や太陽光発電パネルの市場における市場競争原理として顕著に作用していると見られるのが，技術の「共振」化現象である。「共振」とは元々，物理学で用いられるエネルギーの伝導に関する概念であるが，ここでは1つの技術革新が別の技術革新を誘発し，連鎖的な技術革新が起こることで技術がさらなる進化を遂げる現象を指す。

　1つの事例を提示しよう。電気自動車の中核を担う製品として現在，注目を浴びるリチウムイオン電池であるが，こうした蓄電池あるいは2次電池と呼ば

れる電池の開発は，長い間，技術革新が起こらず遅々とした歩みを繰り返してきた。1859年にフランスで鉛蓄電池が発明されてから約130年の間に，実用化された新たな蓄電池はわずかに1899年のニッケルカドミウム電池のみであった。ところが1990年に松下電池工業（現パナソニックエナジー）と三洋電機がニッケル水素電池を開発すると翌91年にはソニーがリチウムイオン電池を実用化し，この分野において立て続けに技術革新が起こったのである。1990年代に入って日本企業による技術革新が起こったのは，ノートパソコンや携帯電話の市場が拡大し，これらの機器に掲載可能な小型化，軽量化された蓄電池の開発の必要性が高まったからである。

　そして周知のように，現在，蓄電池は電気自動車に掲載する車載用として市場規模は急拡大しており，なかでも小型軽量化と蓄電容量の大きいリチウムイオン電池に対する需要が高まっている。それに伴い，この分野に参入する企業が増え，日本，韓国，中国の企業が入り乱れて開発競争が激化している。リチウムイオン電池の蓄電容量は材料の開発や材料間の組み合わせによって決まると言われ，電機メーカーのみならず素材メーカーも巻き込んだ技術開発が連鎖的に進行しており，まさに技術革新の「共振」が起きている。

　重要な点は，技術革新の「共振」は市場の創造によって引き起こされるということである。前述した蓄電池のケースは，ノートパソコンや携帯電話という市場の創造が，停滞していた蓄電池の技術革新を誘発し，ニッケル水素電池やリチウムイオン電池という新たな蓄電池を生み出し，さらに政府と企業の「共創」による電気自動車市場の創造によりリチウムイオン電池の連鎖的な技術革新，すなわち「共振」が進行していることを示している。「共振」の進行は製品の性能，品質を向上させ，またコストの低減が図られることで顧客の購買行動により結び付くことになる。

4-3．低炭素製品への顧客の「共感」

　「共創」「共振」に続く第3のプロセスが低炭素製品への顧客の「共感」である。顧客の「共感」が得られれば製品の購買行動に結び付き，結果として低炭

素製品の社会への普及が進むことになる。

　現状では，低炭素製品への顧客の「共感」を阻む主たる要因は「価格」であると見られる。「価格」の高さ故に顧客の「共感」を得られていないケースは数多く存在する。逆に「価格」の面で顧客の「共感」が得られれば，低炭素製品に対する購買行動は今以上に促進されるだろう。確かに，環境意識が高く，価格の面で多少割高であっても低炭素製品を優先して購入したいという顧客は一定数存在する。しかしながら，多くの顧客は製品購入の判断基準として価格の安さを最も重要な要素の1つと考えており，価格の面で競合製品より競争劣位にある限り，低炭素製品の社会への普及は進まないと見てよい。

　上記した「共創」「共振」のプロセスは，低炭素製品の「価格」面での競争劣位を補完し，顧客の「共感」を得るための「意図された仕掛け」である。すなわち，政府による支援と企業間における技術革新の連鎖が有機的に連動することで価格の低減化が促進されるというものである。「共創」「共振」「共感」の望ましい正のスパイラルができれば，低炭素製品の社会への普及が加速され，社会経済システムは低炭素社会の実現に向けて大きく動き出すことになるだろう。

　しかしながら，本稿の関心事である低炭素イノベーションが進行する中で，日本企業がいかにして競争優位を獲得するかという視点でこうした流れを捉えた場合，価格の低減化は必ずしも好ましい状況ではない。価格の低減は低炭素製品のコモディティ化をもたらし，低価格の価格競争を激化させることにつな

図1　低炭素社会へのロードマップ

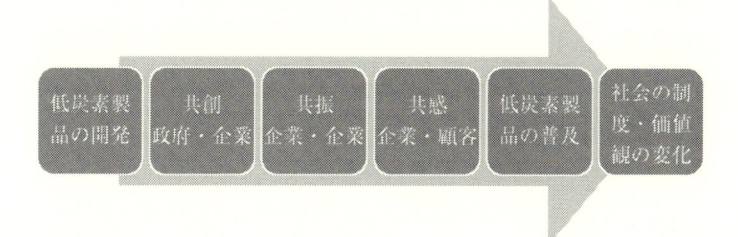

低炭素製品の開発 → 共創 政府・企業 → 共振 企業・企業 → 共感 企業・顧客 → 低炭素製品の普及 → 社会の制度・価値観の変化

プロダクト・イノベーション ⟹ ソーシャル・イノベーション

がるからである。逆説的な言い方になるが，低炭素製品に対する顧客の「共感」を得るためには「価格」の低減化を促進することは必要不可欠である。しかし，「価格」の低減は低価格競争を激化させ，日本企業はライバル関係にある中国，韓国等の企業に対して競争優位を保つことが困難になる。このパラドックスに対して日本企業はどのように立ち向かおうとしているのか，この点が大きな問題となる。次章においては，この点をフィールド調査に基づいて検証する。

5．フィールド調査：大手電機メーカー4社へのインタビュー

　筆者は2009年から2010年にかけて太陽電池，リチウムイオン電池の生産を手掛ける大手電機メーカー4社に対するヒアリング調査を行い，現在，日本企業が技術的優位にあると見られる太陽電池やリチウムイオン電池が，近い将来，コモディティ化して価格競争になった場合，逆にコスト競争で優位にあると見られる韓国や中国の企業に対してどのような戦略で臨むつもりであるのかを聞いた。以下，ヒアリング調査での4社の回答についてその概要を略述する。なお，ヒアリングに応じてくれたのは各社のインダストリー営業本部，ソーラーエネルギー事業本部，ソーラーシステム事業本部等の担当者である。

5-1．ヒアリングの結果
〈質問項目〉
　①「太陽電池，リチウムイオン電池に関して自社の技術的優位性をどのように見ているか」
　②「この分野において，中国や韓国の企業との間で価格競争が激しくなっているが，こうした状況をどのように捉えているか」
　③「製品のコモディティ化が進み，技術的な優位性が失われた場合，どのような戦略で臨むつもりか」

① に対する回答

「電池に関しては技術的に目に見える差別化は難しく，太陽電池やリチウムイオン電池においても技術的な差別化はできづらい状況下にある。したがって韓国や中国の企業に対するA社の技術的優位性も大きくはない」(A社)

「リチウムイオン電池のキーワードは「安全性」「小型化」「蓄電容量」「コスト」であり，特に「安全性」についてはA社を含めて日本企業の技術力は高い」(A社)

「太陽光発電パネルに関してはB社を含めた日本企業と外国企業の間の技術的な差は小さい。太陽光の電気への変換効率などの点において日本企業の技術的優位性はあるが，最終的にはコスト競争力が決め手となる」(B社)

「太陽電池の技術的な差別化は図りにくいため，価格と信頼性がキーポイントとなる」(C社)

「ただし，技術的な優位性の確保を重視していないわけではない。とりわけ薄膜系の太陽電池に関しては難しかった微結晶薄膜の量産化技術を業界に先駆けて確立しており，技術的優位性を保持している」(C社)

「2009年3月には事業本部と開発本部の2本部に体制を強化し，技術開発スピードの強化を図っている」(C社)

「リチウムイオン電池は日本で開発された蓄電池であり，日本企業の技術的優位性は揺らいでいない」(D社)

「かつては発火事件を起こすなど「安全性」がリチウムイオン電池の最大の問題点であったが，この問題はすでにクリアされており，「安全性」とそれに裏打ちされた品質において日本企業は世界最高水準にある」(D社)

② に対する回答

「太陽電池に関してはすでにコモディティ化しつつあり，価格競争が激しくなってきているという認識を持っている」(A社)

「コストが競争優位を左右することは疑いなく，この点においてはA社は大変厳しい競争を強いられている」(A社)

「韓国や中国の企業との間で価格競争を勝ち抜くためには，一層のコスト削減への努力と品質の向上が求められる」(A社)

「B社は品質を最も重視している。電池の寿命をできるだけ長く伸ばす長期化が目標である。品質を伴わない価格競争は無意味であると考えている。この点で韓国や中国の企業に対する優位性は大きく，競争優位を保持していると考えている」(B社)

「B社は太陽光発電パネルの生産を川上から川下までの一貫体制で行っており，そこで培われる様々なノウハウや「現場力」はB社の競争優位の源泉である」(B社)

「価格力アップのため，電気への変換効率の向上と生産性の向上に取り組んでいる」(C社)

「太陽電池は20年，30年と長く使用される（発電し続ける）ものであるため，製品に対する「信頼性」が重要なファクターとなる」(C社)

「C社は，太陽電池の開発から半世紀の歴史を持ち，灯台や人工衛星などの過酷な環境での使用において実績があり，また住宅用でも豊富な実績を持っている。こうした歴史の中で培われたC社の製品に対する信頼はC社にとって貴重な財産であり，また競争優位となっている」(C社)

「リチウムイオン電池の性能は材料の開発や材料間の組み合わせに大きく関わっており，素材産業の裾野が広い日本企業は有利な環境にある。中国や韓国の企業も追い上げてきているが，そう簡単に追いつけるものではない」(D社)

③ に対する回答

「電池を介した新たなビジネスを検討しているが，まだ具体的な形にはなっていない。B社の事業全体に占める電池の割合はまだまだ小さい」(B社)

「価格競争を勝ち抜くため，生産体制の川上から川下に至るバリューチェーンの見直しを行っている。川上分野の材料については，原材料からポリシリコン生産を手掛ける。川下分野では，太陽光発電所を建設しそこから得られる電力の供給事業を行う」(C社)

5-2. 分析とインプリケーション

　4社の回答内容を分析するといくつかの特徴が浮かび上がる。まず自社の技術的優位性についてであるが，太陽電池やリチウムイオン電池の技術的な優位性について，4社の担当者は自社の優位性はそれほど大きくないと見ている点である。一般的には，太陽電池に関しては太陽光を電気に変換する変換効率の高さ，リチウムイオン電池に関しては蓄電容量や長寿化において日本企業は技術的な優位性を有していると見られているが，当事者である企業はこうした点はあまり重視していないことがわかる。A社の回答に見られるように「電池に関しては技術的に目に見える形での差別化は難しい」のかもしれない。

　次に第2点として，技術的に目に見える差別化ではなく，製品に対する「信頼性」や「安全性」を重視する傾向が顕著であり，4社ともにこの点に関しては自社製品に対して強い自負の念を持っている。そして，4社ともにこうした「信頼性」や「安全性」（これらは突き詰めて言えば「品質」ということになるわけであるが）の高さが自社の競争優位の源泉であると考える傾向が強い。

　さらに第3点として，4社とも価格競争が製品の競争優位を左右するという認識を持っており，韓国企業や中国企業との価格競争に対する強い危機意識を持っている反面，その競争を勝ち抜くための新たな戦略，ビジネスモデルは持ち合わせていないということである。この点は，ヒアリング調査の主たる目的であったため，インタビューの場において4社の担当者に繰り返し質問を投げかけてみたが，われわれの知的好奇心を刺激するような回答を4社の担当者から聞くことはできなかった。

　ただし，興味深い回答が全くなかったというわけではない。例えば，B社からは電池を介した新たなビジネスを検討中であるとの話があった。電池を単体で売るのではなく，より付加価値の高いビジネスを考えているとのことであったが，残念ながら詳細に関しては聞くことができなかった。また，C社では価格競争を勝ち抜くために，生産体制の川上から川下に至るバリューチェーンの見直しを行っており，川下分野では太陽光発電所を建設しそこから得られる電力の供給事業を行う計画があり，そのために現在，イタリアの企業と事業提携

を模索しているという話を聞くことができた。

こうしたいくつかの気になる動きは確認できたものの,全体として見れば4社とも価格競争に対する備えは十分とは言えず,さらにそれを乗り越えるための新思考の戦略を構想しているとは言い難い。4社へのヒアリング調査で明らかになったことは,日本の大手電機メーカーは電池をめぐる市場での競争において,製品に対する「信頼性」「安全性」という品質を重視する傾向が顕著であるということである。確かに,それらは日本企業が長い年月をかけて培ってきた貴重な資源であり,競争優位の源泉となり得るものである。

しかしながらその一方で,4社に共通する問題点として,そうした過去の成功体験により蓄積された資源を守ろうという意識が強すぎて,逆に,新たな競争優位を確立していこうとする攻めの意識が脆弱であるように感じられるのである。市場のグローバル化と製品のデジタル化が進行している現在の市場では,技術的な優位性＝競争優位性ではない。この点に関する認識の欠如あるいは希薄さこそが日本企業の問題点ではないかと思われる。

6．「関係性」ベース戦略の提唱：価格競争を超えた付加価値の創出に向けて

以上の考察を踏まえて,本節では「関係性」ベース戦略という新たな戦略思考について考察する。ここで「関係性」とは製品間の「関係性」及び企業間の「関係性」を意味する概念として把握される。これまでの議論に見られるように,低炭素イノベーションが進行し,低炭素製品が市場を通じて社会に普及していくプロセスにおいては価格の低減が必須であり,それにより低価格競争が激化することが予想される（すでにその兆候が見られる）。コスト競争において競争劣位にある日本企業がこの競争を勝ち抜き,新たな競争優位を獲得するためには,価格を超えた次元で新たな付加価値を創造する必要がある。そうした付加価値は,様々な戦略的思考の中から生み出されるものと考えられる。ここではそうした多種多様な戦略的思考の中の1つとして「関係性」ベースの戦略

思考を取り上げてみたい。

　1つの事例を提示しよう。低炭素社会の構築に向けてスマートシティ建設のプロジェクトが現在，注目されている。スマートシティとは，都市生活の基盤となる電力，水道，通信，交通システム等の社会インフラをITを活用することで最適化し，エネルギーの消費量や二酸化炭素の排出量の削減を図る環境配慮型都市のことである。その中で，スマートシティの中核を担うスマートハウスを例にとると，屋根に取り付けられた太陽光発電パネル，TVや冷蔵庫，エアコン等の家電製品，リチウムイオン電池を搭載した電気自動車がITを媒介にして「つながる」ことで電力需給の最適化が図られることになる。これらの製品を単体として捉えた場合，家電製品は言うに及ばず，太陽光発電パネルなどもコモディティ化が進み，価格競争が激しさを増している。しかしながら，太陽光発電で発電した電気を電気自動車に蓄電しておき，夜間にその電力で家電製品を利用できるとしたらどうであろうか。個別の製品が「つながる」ことで単体ベースでは得られなかった付加価値が創出され，製品価値は大きく高まることになろう。

　つまり，個別の製品に付与された機能がITを媒介にして「つながる」ことで，シナジーが誘発され，それにより乗数的な付加価値が生み出されるということである。スマートシティあるいはスマートハウスは，そうした付加価値を生み出す「場」としての役割を果たしている。そして，こうした付加価値は単体ベースでの価格競争を超えた次元での競争優位を企業にもたらす可能性があるのである。コモディティ化が進み，価格競争が激しさを増していると言われる太陽光発電にしても，製品の単体ベースで見た場合には電気を生み出す装置に過ぎないが，他の製品との「つながり」を視野に入れて製品開発を進めれば様々な付加価値を生み出す製品に変身する可能性があるのである。

　さて，もう1つの関係性である企業間の「関係性」についても述べておこう。上記したスマートハウスの事例を再び引用しながら説明してみたい。スマートハウスの建設には住宅メーカーを始めとして，電機メーカー，自動車メーカー，電力会社等の異業種の企業が関与する。無論，これまでも家を建設する際には

こうした異業種の企業が関わってきたわけであるが、従来の家の場合、各企業が各々の持ち場の仕事を遂行するのみで、企業間の連携が重視されてきたわけではない。しかしながら、スマートハウスの建設では家全体を「スマート化」するという目標を達成するために、建設に関与する各企業は連携しながら仕事を進めることになる。すなわち、前述したように、スマートハウスでは様々な製品がITを媒介にして「つながる」ことにより、家全体のエネルギー需給量を最適化しようというものであり、そのためには各企業は他企業の提供する製品との「つながり」を視野に入れながら製品開発を進める必要がある。それは結果として企業間の連携を促し、異業種間の企業が共通目標の達成に向けて交わることで、知の交流が生まれ、新しい知的資産が企業内に蓄積される可能性が指摘できるのである。つまり、スマートハウスの建設を通じて異業種の企業が交わる「場」が生まれ、そこでの交流の中から新しい知識が生まれ、一部は「形式知」として製品開発に反映され、また一部は「暗黙知」となって企業内に取り込まれるのである。

　筆者がここで強調したいことは、戦略的思考のブレークスルーという点である。すなわち、個々の企業が個別の製品を、価格や性能、品質等で競い合うという従来の戦略的思考から抜け出し、優れた技術やノウハウ等を有する個々の

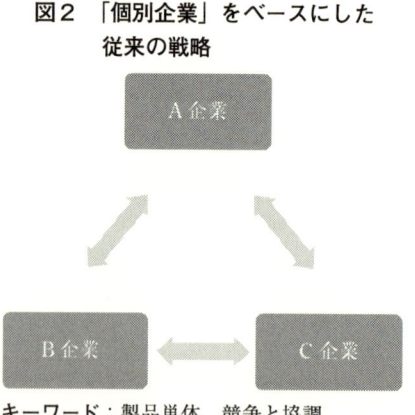

図2　「個別企業」をベースにした従来の戦略

キーワード：製品単体、競争と協調、企業秘密の壁

図3　「関係性」をベースにした新たな戦略

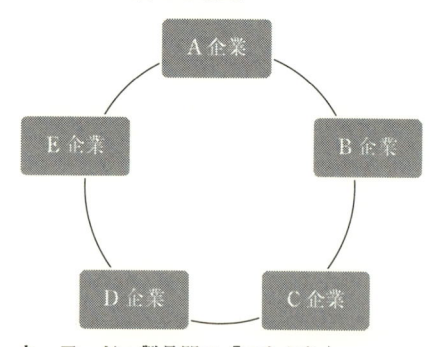

キーワード：製品間の「つながり」、「場」の共有、「知」の交流

企業が「場」を通じてつながる「関係性」を重視した戦略的思考を採ることで，新しい付加価値が生み出され，それが新たな競争優位となっていく可能性があるということを指摘したいのである。そして，この新たな戦略的思考は，社会全体を低炭素化するという低炭素イノベーションの性質に鑑みても有益な戦略であると考えられるのである。

7．まとめ

最後に，今後の課題について言及しておきたい。本稿で提唱した「関係性」ベースの戦略については，一部にそうした戦略の必要性を議論する動きが見られるものの，全体としてはまだ手探りの状態である。ただし，本稿の中でも触れたように，スマートシティやスマートハウスの建設において，「関係性」ベース戦略の有効性が実証される可能性が大いにある。

したがって，今後の課題としては，現在はまだ実証実験の水準に留まっているスマートシティやスマートハウスの事例を時間をかけて丹念に追いかけ，本稿で言及したような付加価値が具体的にどのような形で創出されるのか，あるいはまたそれが新たな競争優位につながっていくのかを検証する必要がある。その作業を通じて，「関係性」ベース戦略の具体的な意味付けがなされることになるだろう。

【付記】本調査に際しては平成21年度〜23年度科学研究費補助金基盤研究C「電池開発をめぐる電機メーカーの環境戦略についての研究」の研究費を使用した。

参考文献

Adam Werbach (2009), *Strategy for Sustainability*, Boston, Massachusetts, Harvard Business Press.

ダニエル C. エスティ＆アンドリュー S. ウィンストン（2008）『Green To Gold：企業に高収益をもたらす環境マネジメント戦略』アスペクト。

藤原　洋（2010）『第4の産業革命』朝日新聞出版。

伊丹敬之，西口敏弘，野中郁次郎（2000）『場のダイナミズムと企業』東洋経済新報社。

伊丹敬之, 軽部 大 (2004)『見えざる資産の戦略と論理』日本経済新聞社。
Hannan, M. T and J. Freeman (1977) *The Population Ecology of Organization*, American Sociological Review, Vol. 82, No. 5, PP. 929-964.
Javier Callio-Hermosilla, Pablo del Rio Cozalez and Totti Könnölä (2009) *Eco-Innovation : when sustainability and competitiveness shake hands*, Great Britain, Palgrave macmillan.
クレイトン・クリステンセン著, 玉田俊平太監修, 伊豆原 弓訳 (2001)『イノベーションのジレンマ：技術革新が巨大企業を滅ぼすとき』翔泳社。
馬奈木俊介 (2010)『環境経営の経済分析』中央経済社。
野中郁次郎, 竹内宏高 (1996)『知識創造企業』東洋経済新報社。
野中郁次郎, 徳岡晃一郎 (2012)『ビジネスモデル・イノベーション：知を価値に転換する賢慮の戦略論』東洋経済新報社。
大久保隆弘 (2010)『電池覇権：次世代産業を制する戦略』東洋経済新報社。
Peter E. Hodgson (2010) *Energy, the Environment and Climate Change*, London, Imperial College Press.
Porter, M. E., C. Van der Linde (1995) *Green and Competitive : Ending the Stalemate*, Harvard Business Review, September-October.
Prahalad, C. K., V. Ramaswamy (2004) *The Future of Competition : Co-creating Unique Value with Customers*, Boston, MA., Harvard Business School Press.
妹尾堅一郎 (2009)『技術力で勝る日本がなぜ事業で負けるのか：画期的な新製品が惨敗する理由』ダイヤモンド社。
Schmpeter, J. A. (1934) *The Theory of Economic Development : An Inquiry into Profits, Capital, Interest and The Business Cycle*, Cambridge, Mass., Harvard University Press (塩野谷祐一, 中山伊知郎, 東畑精一訳『経済発展の理論：企業者利潤, 資本, 信用, 利子および景気の回転に関する一研究』岩波書店 1977年).
Timothy J. Foxon, Jonathan Köhler and Christine Oughton (2008) *Innovation for a Low Carbon Economy : Economic, Institutional and Management Approaches*, UK, Edward Elgar.
竹田青嗣, 橋爪大三郎 (2009)『低炭素革命と地球の未来』ポット出版。
所 伸之 (2010)「プロダクト・イノベーションからソーシャル・イノベーションへの移行プロセス研究：次世代カー及び太陽光発電パネルの開発, 普及プロセスの分析をもとに」『経済学論纂』(中央大学) 第50巻第1, 2合併号, pp. 1-20。
植田和弘, 國部克彦, 岩田裕樹, 大西 靖 (2010)『環境経営イノベーションの理論と実践』中央経済社。
上田完次編著 (2004)『共創とは何か』培風館。

183

包括的ビジネス・BOP ビジネス研究における社会経済的成果の統合的評価の重要性とその方法について[1]

岡田正大　慶應義塾大学大学院経営管理研究科准教授

1．本研究の問題意識と目的，研究の範囲

　本論は，企業の持続的競争優位（経済的成果）の実現を従属変数とする伝統的戦略理論（Porter 1980, 1985, Barney 1991, 1996）を出発点とし，開発途上国の低所得層市場に関わる営利ビジネス[2]（inclusive business：包括的ビジネス，もしくはBOP[3]ビジネスと呼ばれる）を検討対象として，企業の営利事業（本

---

(1) 本稿は第2回企業と社会フォーラムにおける論文発表を発展させる形で執筆された。同学会において有益なコメントをいただいた金井一頼教授，並びに匿名レフェリーに謝意を表する。
(2) 開発途上国低所得層に関わるビジネスにも，公共インフラ系事業，BtoCの消費財ビジネス，民間BtoBの産業財・中間財ビジネス，金融サービスなど様々な業態がある。本論で特に包括的ビジネスと呼ぶものは，上記から公共インフラ系事業を除く各種ビジネスの中でも，低所得層が顧客，従業員，供給業者，経営人材源のいずれか，もしくはその複数の主体として関わる営利事業を意味する。これらのビジネスは，総称して"inclusive business（包括的ビジネス）"と呼ばれ，日本においては同じ概念を「BOPビジネス」と呼ぶ。一般に貧困解決等の社会課題解決と利益が同時追求されるビジネスである。また，主体となる企業は先進国企業であることを想定している。その点，一般化可能性に限界がある。
(3) BOPとは，"base, or bottom of the pyramid"の略で，世界の所得別人口ピラミッドにおいて，2002年の購買力平価ベースで年間消費支出もしくは所得が＄3,000以下の層をいう。特に英語圏では，一部にこのボトムやベースといった言葉に差別的響きを感じる向きもあり，国連を始めとする国際機関においては，BOPビジネスではなく"inclusive business"というフレーズが定着している。本論ではこの趣旨に則って，その訳語としての「包括的ビジネス」を用いる。一方「BOP層」という言葉は，適当な代替用語が見当たらないことから，そのまま使用する。

（2012年12月21日受稿，2013年3月5日受理）

図1 社会性と経済性の同時最大化を目指すビジネス

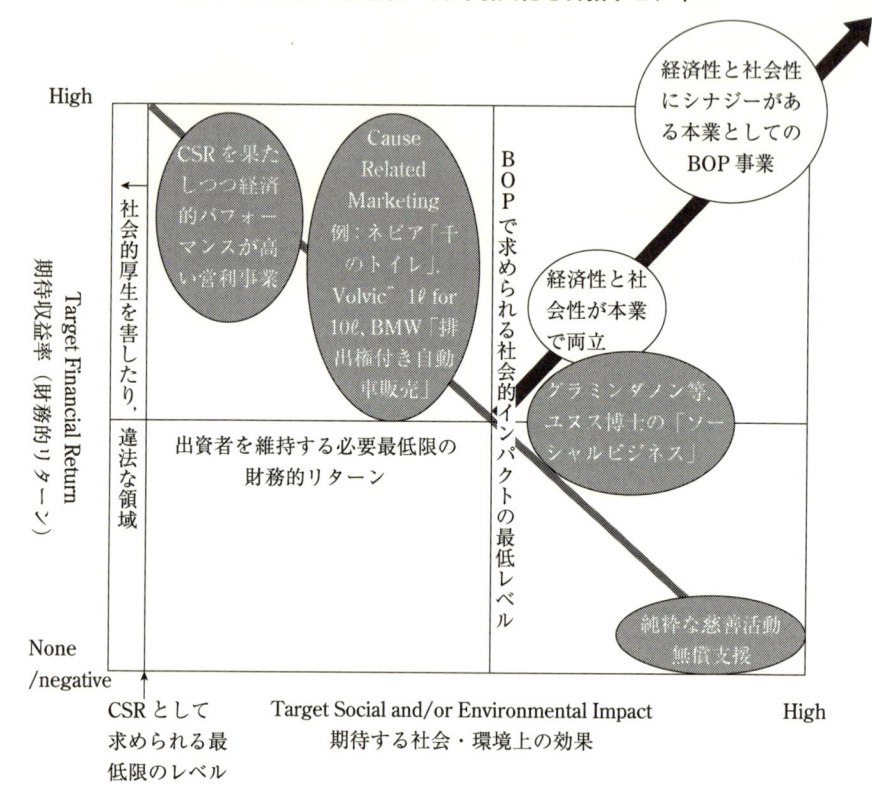

High

経済性と社会性にシナジーがある本業としてのBOP事業

Target Financial Return
期待収益率（財務的リターン）

社会的厚生を害したり，違法な領域

CSRを果たしつつ経済的パフォーマンスが高い営利事業

Cause Related Marketing
例：ネピア「千のトイレ」．Volvic® 1ℓ for 10ℓ, BMW「排出権付き自動車販売」

BOPで求められる社会的インパクトの最低レベル

経済性と社会性が本業で両立

グラミンダノン等，ユヌス博士の「ソーシャルビジネス」

出資者を維持する必要最低限の財務的リターン

純粋な慈善活動　無償支援

None/negative

CSRとして求められる最低限のレベル

Target Social and/or Environmental Impact
期待する社会・環境上の効果

High

業[4]）が生み出す社会的成果と経済的成果の関係を明らかにすることの重要性，およびその手法について研究する。本論が検討対象とする母集団は，開発途上国の低所得層市場（BOP層）で遂行される個別事業（もしくはプロジェクト）である。図1における右上の象限がそれに当たる。

　本論に続く研究には，これらの事業群を包含する母集団において，経済的成果と社会的成果がともに増大する（両者に相乗効果・シナジーが存在する）条件

（4）ここで「本業」が意味するところは，営利の株式会社が自社の中心的事業として営む活動であり，慈善活動や就業時間外のプロボノ（専門職業家が専門性を活かして行う無報酬ボランティア活動）ではない，という意。

を明らかにしようとする研究が存在している。その研究を実行するために必要となるのが，経済的成果と社会的成果の評価・測定である。

まず経済的成果は，基本的にその事業が生み出すキャッシュによって決定し，個別事業としてはIRRやNPV，ROICなどの測定指標がある。いずれも金銭的数値による測定が可能である。

問題は社会的成果（次項で定義）の測定である。社会的成果の測定・評価方法はまさに百花繚乱の様相を呈している。個々の企業，非営利組織，国際機関，研究者ごとに多様な社会的成果の評価尺度が考案されている（後述）。ここにおいて，包括的ビジネスの研究にとって最適で効率のよい標準的測定方法が満たすべき条件を明らかにする必要がある。また企業にとっても，簡便に運用・活用できる標準的測定方法が存在しないと，この種の評価活動は企業にとって多大なコストや手間を生じさせ，かえって評価自体に取り組むことを忌避したり，評価自体が誤っている可能性も高くなる。結果として社会的成果の評価が不十分なまま事業を開始・継続した結果失敗したり，社会的評価の複雑性が事業参入への障壁になって機会損失が生じる可能性もある。フィージビリティ・スタディに際しても，また様々な補助金申請，非営利組織への協力要請の際にも，自社が取り組む包括的ビジネスの社会的成果を簡便かつ妥当に評価・提示できる方法が求められている[5]。

本論では，包括的ビジネスの研究において，また同ビジネスに従事する企業の経営プロセスにおいて，(1)社会的成果の評価・測定がなぜ重要なのかを明らかにした上で，(2)個別事業単位で簡便に事前事後の社会性評価を行える方法はどのようなものか，その条件を明らかにする。さらに，数ある評価手法の中から上記条件に照らしてより効果的と思われる手法を選択して組み合わせ，具体的事例に適用することによってその評価方法の有用性を検証する。

（5） 2012年第2回企業と社会フォーラムにおける筆者による論文発表の際，ある総合商社の理事からも全く同様のニーズが指摘された。

2．本研究における社会的成果の定義

　本研究の検討対象である包括的ビジネスにおいて，解決すべき最大かつ根本的社会課題は貧困問題である。そして様々な社会的課題が貧困ゆえに引き起こされている。よって本論において事業の社会性（当該事業が社会に与える影響・インパクト）を評価する際に最も重視される尺度は，その事業が周辺コミュニティの貧困をどれだけ解消できるか，さらに貧困によって引き起こされる諸問題をどれだけ解消できるかにある。すなわち本論における社会的成果の定義の中核は，包括的ビジネスの社会的ミッションそのものに直結する，当該事業の利害関係者（特に顧客，従業員，サプライヤー，周辺住民等）が陥っている貧困状況の改善度であり，その周縁部には貧困によってもたらされる諸課題の改善度がある。

　ここで注意すべきは，主に先進国を中心に地球環境保護を背景として形成されてきた，組織活動をきわめて包括的に評価するスキームにおける「社会的成果」の定義と本論における定義が必ずしも一致していない点である。

　20世紀における経済活動の急速な発展が引き起こした地球環境の悪化を受け，1960年代から地球環境の持続可能性（sustainability）[6]への要請（WCED 1987）が高まっていた。これを背景として，トリプル・ボトムライン概念（以下 TBL, Elkington 1994, 1997）が90年代半ばに生まれた（Henriques & Richardson eds. 2004）。この TBL 概念は，営利非営利を問わず事業活動のインパクトを経済（Profit）・社会（People）・環境（Planet）という多次元で評価しようとする考え方であり，先進国企業を中心に広く採用され根付いている。

　この TBL 概念に呼応して提案された，より具体的で詳細な企業・組織向け活動報告の枠組みが GRI（Global Reporting Initiative）である[7]。GRI は，事

（6）　持続可能性とは，将来世代が彼ら自身のニーズを満たす能力を犠牲にすることなく，現世代のニーズを満たす経済発展，を意味する（WCED 1987, Epstein 2008）。
（7）　GRI 初版のドラフト公開は1999年。

業活動を経済・社会・環境の3分野にわたる6領域（経済，環境，人権，労働慣行とディーセントワーク，製品責任，社会）において，計70指標，調査項目にして合計400余の詳細な調査確認を行い（G3，第3版ベース），その結果を企業・組織が報告するシステムである（GRI 2011）。領域の網羅性，調査項目数を見てもわかるように，人間の組織活動がもたらすほぼありとあらゆる影響を捕捉対象とする。その中でも環境領域は指標数が30，その測定項目数が約170と，ともに全数に占める割合が4割を超えており，GRIの源流が地球環境の持続可能性実現にあることを物語る。

　こうしたTBL概念やGRIにおいて，経済的成果と社会的成果はきわめて多岐にわたる要素を包含している。まずTBL概念の下での経済的成果とは，株主資本価値につながる企業会計ベースの財務的パフォーマンス（通常のボトムライン）以外に，政府への納税額，雇用増による所得増加額，公的支出の節減額，経済外部効果（乗数効果）など，<u>想定し得るあらゆる利害関係者に当該事業活動が与える金銭価値ベースの便益</u>を包含している。一方社会的成果には，例えば低下した失業率，女性労働者の比率増加，家庭所得の増分，教育水準の向上度，相対的貧困率の改善度，人口1人当たりの犯罪率低減，平均寿命の改善など，多様な利害関係者を対象とする金銭換算され得る指標とされ得ない定量指標（単位もそれぞれ異なる）が混在している（Slaper 2011）。GRIも同様に，経済的成果にはあらゆる利害関係者への金銭的価値ベースの便益が包含され，社会的領域には労働慣行・労働条件，人権，製品責任，社会（この「社会」は腐敗防止や独禁法への抵触など）といったきわめて包括性の高い内容となっている。仮にこうした包括性の高い評価スキームをタイプAと呼ぶ。

　全地球的なインパクトを包括的に捉えるタイプAは，文字通りすべての人間組織の活動に適用されるべきものであり，本研究の対象となる包括的ビジネスもその例外ではない。しかしながら，現実的に個々の包括的ビジネスの単位でこのタイプAの評価を行うには，相当に多量な経営資源と時間を投入しなければならなくなる危惧がある。

　本研究がより強く立脚するのは，開発途上国における個別具体的な開発効果

をいかに高めるか，という視点である。第二次大戦後，60年代には南北問題と言われたように，植民地から次々に独立したアジアやアフリカ諸国と先進国との間には甚だしい経済格差が存在してきた。この格差，すなわち開発途上国にとっての貧困問題は，2000年に国連がミレニアム開発目標として総括するような，様々な解決困難な課題[8]を生じさせている。こうした課題解決はこれまで，公的セクターとしては国連諸機関，世界銀行，国際金融公社，アジア開発銀行，アフリカ開発銀行，各国先進国政府のODAなどが，また非営利セクターでは多様で無数のNGOやNPOが長年解決を図ってきた。

こうした開発活動には当然ながら様々な経済的資本・人的資本が投下されるわけで，それら投下資本がどれだけの開発効果をもたらしたかを測定評価し，より効率的な資源投入を行おうという要請が生じる。

このような文脈の下で，各開発金融機関や非営利組織が多様な開発効果測定手法を策定してきている。このうち，国連諸機関や開発金融機関による評価体系（例えば国際金融公社による Measuring Impact Framework など）は，TBLやGRIとほぼ同様の，環境・社会・経済各領域にわたって包括性の高い守備範囲を持つ。いわばタイプAの評価体系である。このタイプAは，投資者・債権者もしくは公益を体現する立場から対象事業を評価する，いわばトップダウン型アプローチと言える。

一方非営利セクターの発想はタイプAと異なり，自らが直接関与する事業活動の実情を個々の現場でどのように評価し，その事業活動のミッションや目的がどの程度果たされ，現在進行中の活動に評価結果を迅速にフィードバックして修正を施していく，という性格が強い（いわばボトムアップ型アプローチ）。例えば，グラミン財団の PPI : Progress out of Poverty Index では，貧困解消活動への従事者自身が評価者となり，関与している低所得地域の家庭を実際に

（8）課題は順に，(1)極度の貧困と飢餓撲滅，(2)初等教育の完全普及，(3)ジェンダー平等推進と女性の地位向上，(4)乳幼児死亡率の削減，(5)妊産婦の健康の改善，(6) HIV/エイズ，マラリア，その他の疾病の蔓延の防止，(7)環境の持続可能性確保，(8)開発のためのグローバルなパートナーシップの推進，である。

訪問し，家族数や教育水準，各種生活品の保有状況などを実地に検証し，貧困の現状と改善度を測定する。「社会的成果と PPI」という文章（Grameen Foundation 2012: p. 4）の中では，「社会的パフォーマンスとは，『その地で受容されている社会的価値に合致する形で，自組織のミッションを効果的に行動へと変換していく効果』である」と定義した上で，「この PPI を用いる組織は，貧困の下で生きている人々の生活に対し，情報・医療サービス・雇用機会・資金提供，及びこれらの組み合わせを通じて，プラスのインパクトを与えることをミッションとしている」。そして PPI とは，「いかに自組織が貧困者の生活に影響を与え，自組織がその社会的目標に到達できているかを明らかにするものである」と述べている。この「自組織がその社会的目標に」どの程度「到達できているか」，その度合いが包括的ビジネスでは社会的成果として測定される。このように，より現場に密着した開発効果を社会的パフォーマンスととらえるスキームをタイプ B と呼ぶ。

　本研究における社会的成果の定義は，上記タイプ B の性質を強く有している。すなわち本研究においては，貧困問題を深刻に抱える開発途上国低所得層を対象とした包括的ビジネスが，いかに事業自体の経済的健全性（採算性）を担保しつつ，その社会的ミッションである貧困解消を達成するかをゴールとしている。よって本研究において，事業の経済的成果とは営利事業としての金銭的価値の増大（事業自体の経済性）と定義され，社会的成果とは利害関係者（その代表的なものは顧客，従業員，供給業者，周辺住民などである）の貧困を解消できた度合い，と定義される。すなわち本論では，経済的成果と社会的成果をタイプ A よりも狭く限定的に定義していることになる。

　なお，開発途上国におけるいかなる事業においても環境上の配慮は不可欠である。だが本論の研究範囲においては特に貧困及びそれがもたらす社会的課題の解決を考察対象とするため，環境的側面の評価手法の検討とその社会的評価との関連は別稿に譲ることとする。

3．包括的ビジネスにおいて社会的成果を測定することの重要性

そもそもなぜ，包括的ビジネスの事業評価研究において社会的成果を評価することが重要なのか。理由は大きく3つある。

第1の理由は，今日の戦略理論がある限界を抱えているからである。既存の伝統的戦略理論（Porter 1980, 1985, Barney 1991, 1996を始めとする営利企業の戦略に関わる研究群）においては，企業が実行する個々の戦略のパフォーマンスはその戦略が生み出した経済的成果（株主資本価値の増大）によってのみ測定され，その理想的状態は「持続的競争優位」(sustainable competitive advantage) とされる。ここで言う競争優位とは，当該企業が利益の上がりやすい構造を持つ業界を選択し，かつ差別化，コストリーダーシップ，もしくはその双方の施策を併用することにより，業界内で最も大きな経済的価値（value）を創出している状態（Porter 1985）である。それら各施策を成立させている経営資源が模倣困難性を帯びていると，それら施策の希少性が保たれ，企業価値が持続的に増大していく。この状態が持続的競争優位である（Barney 1996）。

しかしそこには2つの疑問が生じている。1つは，企業の戦略上のパフォーマンスが経済的価値のみによって評価・判断されることへの疑義であり（Freeman 1984, 谷本 1987, 1993, 2002, 金井等 1994, 金井 1995, Porter and Kramer 2006, 2011），いま1つは競争優位が「持続可能であるか否か」は，伝統的戦略理論が想定するような「企業特殊な経営資源の模倣困難性」(inimitability, Barney 1991, 1996) だけではなく，その企業の事業活動が周囲の社会にどのような影響をもたらすか（社会的インパクト）にも依存するようになっている（Porter and Kramer 2006, 2011）。これらのことから，企業戦略のパフォーマンスを経済的成果と社会的成果の双方を統合する枠組みの中で評価する必要性が生じている。本論が検討対象とする包括的ビジネスも，既存の戦略理論が説明対象とする営利事業であることに変わりはなく，既存戦略理論の限界を検証するテストベッドとして適している（この理由は下記に関連する）。

第2の理由は，本論の検討対象である包括的ビジネスが，その顧客，従業員，供給業者，経営人材の供給源等として，開発途上国の低所得層（以下 BOP 層）と深い関わりを持つことである。この BOP 層は，その市場の潜在的成長性に注目が集まる一方，その人々が抱える社会的課題は今なお深刻であり（ミレニアム開発目標やベーシック・ヒューマン・ニーズ等），開発セクターからは営利企業の参入による現地経済活動の活性化と開発課題解決（プライベートセクター・ディベロップメント）への期待が高まっている。すなわちこの種の市場では，ビジネスの経済的成功と社会的課題解決が密接に関わりを持つため，先進国や新興国中間層（ボリュームゾーン）でのビジネスと比べ，経済的成果のみならず社会的成果（社会的課題の解決度）を事前及び事後に評価する必要性がなお一層高い（岡田 2012）からである。

　第3の理由はより実務的見地からのものである。それは営利企業自身にとっての重要性である。自社事業を通じて社会課題解決を追求しその成果を評価することは，少なくとも次の4つの理由によって当該企業にとって重要である。(1)社会的成果の追求がそもそも当該企業の経営理念や戦略的意図である場合，その実現度合いの評価が求められる，(2)社会的成果の追求が直接的に経済的成果につながる場合，どのような社会的成果が経済的成果を最大化するのかを知る必要がある，(3)社会性の追求が自社の対外的イメージを高め，間接的に経済的成果につながる場合，その評判効果を最大化する社会的成果とは何かを知る必要がある，(4)社会的成果の追求により，国際機関やソーシャルファンドからなど，これまでアクセスできなかった多様な資金調達が可能になるがゆえに，自社事業の社会的成果の実情を自ら知っておく必要がある，というものである。

4．伝統的戦略理論への影響

　本研究は既存の伝統的戦略理論を出発点とするが，先に述べたようにその従属変数の定義には疑義が生じている。企業活動がもたらす成果として，経済的成果のみならず社会的成果をも重視する考え方は，利害関係者アプローチ

(Freeman 1984)，企業社会システム論（谷本 1993, 2002），戦略的社会性（金井等 1994，金井 1995），共有価値概念（Porter and Kramer 2006, 2011）に代表される。これらの研究は，既存の戦略理論に修正を迫ると考えられる。

　企業の利害関係者を資本市場（投資家・株主）に限定せず，企業活動が影響を与えるコミュニティ全体とその構成員に拡張した場合，企業は単に経済主体ではなく，それを包含する社会的存在として捉えられる（谷本 1993, 2002）。すなわち企業活動の成功不成功の評価尺度（従属変数）は，必然的に社会的成果を包含するものとなる。この考え方は，利害関係者アプローチ（Freeman 1984）と強く共鳴し，多様な利害関係者（供給者，顧客，株主，従業員，政府，圧力団体，メディア等）の利益を調整しながら高めていくことを企業活動の成果として重視し，事業の経済的成果と社会的成果は相互に他方を高めあう可能性（相乗効果）があることを示唆する。

　上記の社会的成果と経済的成果を包含する考え方は，谷本（2002）によって「共同利益の最大化」として概念化されている。すなわち共同利益の最大化とは，企業活動を通じてその利害関係者各々の獲得する価値の総合計を最大化することを意味する。Porter and Kramer（2006, 2011）の言う共有価値の最大化もこれに同義である。

　さて，社会的成果を既存の戦略理論が想定する因果関係の構造に取り入れる場合，社会的成果が因果関係の中で果たす役割（独立変数か従属変数か）に応

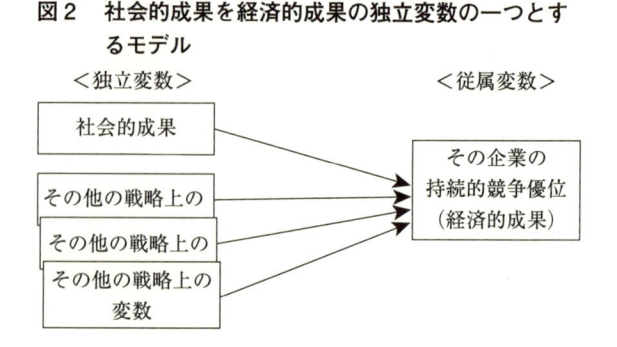

図2　社会的成果を経済的成果の独立変数の一つとするモデル

＜独立変数＞　　　　　　　＜従属変数＞

社会的成果 ──→ その企業の持続的競争優位（経済的成果）

その他の戦略上の
その他の戦略上の
その他の戦略上の変数

図3 経済的成果と社会的成果を並列させ統合するモデル

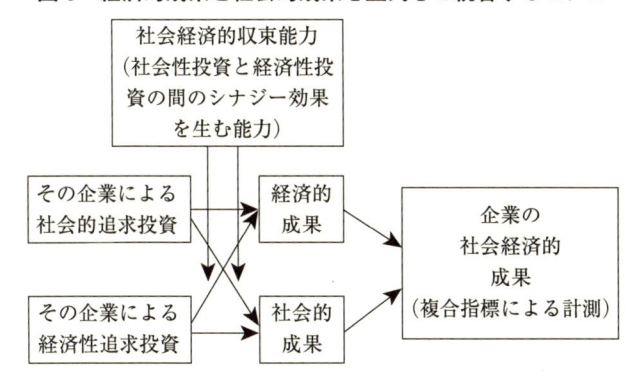

```
              社会経済的収束能力
             （社会性投資と経済性投
              資の間のシナジー効果
                 を生む能力）
                      │
      ┌───────────┐  ↓  ┌─────┐
      │その企業による│→→→│経済的│──┐
      │社会的追求投資│＼ ╱│成果 │  │    ┌─────────┐
      └───────────┘ ╳  └─────┘  │    │  企業の   │
                    ╱ ╲          ├──→│社会経済的 │
      ┌───────────┐╱   ╲┌─────┐  │    │  成果     │
      │その企業による│→→→│社会的│──┘    │（複合指標に│
      │経済性追求投資│   │成果 │         │よる計測）│
      └───────────┘   └─────┘         └─────────┘
```

じ，戦略の因果関係には少なくとも2通りのパターンが生じる。以下の図は，順に伝統的戦略理論の範疇で想定される因果関係（図2）と，本論の主張する修正型のそれ（図3）である。

第1のパターン（図2）では，従属変数は既存理論の通り持続的競争優位の達成度合い（経済的成果）であり，社会的成果の追求はあくまで独立変数の1つとして位置づけられる。つまり社会的成果は経済的成果（持続的競争優位）を増大させる限りにおいて追求され，経済的成果に負かゼロの影響を与える社会的成果は追求されない。その場合，事業活動の社会性は法的に要求される最低限度（社会的責任）が担保されるのみである。

この因果に関連する研究としては，企業の社会的活動と経済的成果の関係を明らかにしようとする研究が多数存在する（Carroll 1979, Cochran and Wood 1984, 塩澤 1991, Clarkson 1995, Shiozawa 1995, Hillman and Keim 2001, Jensen 2002, Porter and Kramer 2002, 2006, 2011, Molteni 2006, Stephen and Millington 2008, Surroca, Tribo and Waddock 2009等）。だが，これらの研究における社会的活動とは本業と切り離されたCSR活動・慈善活動であり，本業自体が生み出す正の社会的成果は考慮されていない。

第2のパターンは，企業が社会的成果と経済的成果の両方を追求すべきだという考え方の下で，それら両価値の合計（すなわち共同利益）が企業活動のパ

フォーマンスとして捉えられ，それを説明する独立変数の1つとして社会経済的収束能力（岡田 2013）を想定する因果モデルである（図3）。この能力は，社会的成果と経済的成果の間に積極的に相乗効果を追求し，かつそれを実現する能力のことである（後述）。

なお，図3のモデルにおいて「経済性追求投資」とは，一般に企業が売上増加かコスト低減のために通常行う資本投資であって，その期待される直接的効果は文字通り経済的価値の増大であり，積極的な社会的成果の実現は意図されていない。一方「社会性追求投資」は，Porter and Kramer（2011）に言う「競争上の文脈」，すなわち事業遂行上の競争環境を改善するために，社会的に正の価値を生み出すことを意図した投資である。例えば，途上国低所得層市場で石鹸を製造販売しようとする企業が現地のNGOやユネスコなどと組んで，事業活動を行うコミュニティの一般住民に対して相当量の石鹸を無料提供し，専門家を雇って手洗いの効用を含む衛生改善の指導や啓蒙活動を行ったりする。これらは本業とは無縁の慈善活動やCSR活動とは明確に異なり，また先進国や新興国中間層以上の市場では通常不要な投資である。Porter and Kramer（2011）によれば，このような社会性追求投資は，その直接の裨益対象である利害関係者（株主以外）に便益を供するだけでなく，自社の競争環境を向上させることにより，自社の経済的成果（株主資本価値）の増大にも寄与する。

さて，本モデル（図3）の利点は，既存の伝統的戦略理論を包含するより高い説明力を持っている点にある。仮にある営利企業Aが単純に経済的成果のみを追求していて，その企業の社会経済的収束能力がゼロだとすると，そのビジネスは図1左上の象限に位置することになる。この象限では単純に経済性追求投資の巧拙によって経済的成果の大小が決まることになり，伝統的戦略理論のモデルそのものとなる。もしもそうした企業が社会性追求投資を行った場合，それは経済的価値を生まない純粋なコスト（持ち出し）となり，経済的成果を悪化させるのみである。また社会的成果を増大させるような経済性追求投資も行われ得ない。

一方，企業が経済的成果と社会的成果の合計を最大化しようとしており，少

なくとも社会経済的収束能力がゼロ以上の企業Bは，積極的に社会性追求投資を行う。なぜならば，それは社会的成果を生むだけでなく，経済的成果を増大させるからである。またこうした企業は経済性追求投資も積極的に行う。なぜならば，それは経済的成果を生むだけでなく，社会的成果をも増大させるからである。

ここで企業AとBの事業成果（パフォーマンス）を比較してみる。仮に両社ともに同じ経済性追求投資を行い，そこから同じ経済的成果を生み出す能力があるとしても，企業Bの経済的成果は企業Aのそれよりも大きくなるだろう。また企業Bの社会的成果は，企業Aのそれよりも大きくなるだろう。よって経済的成果のみ，社会的成果のみ，両者の合計値，いずれにおいても企業Bが企業Aを上回るであろう。これはとりもなおさず，図1における左上の象限と右上の象限に属する企業間のパフォーマンスを巡る仮説となる。伝統的戦略理論は，これまで図1における左上の象限と右上の象限を区別することなく（すなわち事業自体の社会的側面をコントロールすることなく），経済的成果のみを従属変数としてそれを左右する要因を追求してきたのである。

この仮説をさらに精緻化するには，社会性追求投資が経済的成果に与える影響及びそのプロセスの詳細を明らかにする必要がある。この論点は，本業の戦略策定において社会性投資をどのような条件下ではどの程度事前に盛り込み，どのような相乗効果を追求すべきかなど，実務的にも価値ある示唆をはらんでいる。このような研究を実証可能にするためにも，事業活動の社会的成果と経済的成果を統合的かつ簡便に測定できる指標の開発は重要性を増すことになる。

5．社会性と経済性を包含する測定指標

前項で構築したモデル（図3）を検証する際，従属変数である(1)社会的成果，(2)経済的成果，そして(3)両者の統合された社会経済的成果を測定・評価することが必要になる。経済的成果については，すでに本研究の問題意識と目的，研究の範囲の項で述べたように，全社レベル，個別事業レベルとも，既存の方法

で数値的測定が十分に可能である。

よって本項では社会的成果の評価方法を中心に検討する。社会的成果の評価にも全社（連結対象の全事業）単位の評価と個別事業単位の評価という2つの方向性があるが，本論の焦点は個別事業（もしくはプロジェクト）単位の評価方法である。

5-1. 個別事業・個別プロジェクト単位の評価手法が満たすべき条件

本項では，営利企業が社会的成果と経済的成果をともに最大化する意図を持って包括的ビジネスに参画する際，効果と効率双方の面から社会的成果の評価手法が備えるべき属性，満たすべき条件は何かを検討するとともに，既存の手法を概観し，より望ましい評価手法を明らかにする。著名なソーシャルファンドであるアキュメンファンドは，社会的成果の評価手法のあるべき属性として，(1)理解のしやすさ（understandable），(2)低コストで簡便（inexpensive），(3)効果的で役に立つ（useful），という3条件を挙げているが，本論では研究と個別企業の双方の立場を合わせ考え，次の5つの条件を挙げる。

第1の条件は，経済的成果（株主資本価値への寄与）と社会的成果（株主以外の利害関係者への寄与）の双方を評価できることである。

第2の条件は，図3に示した因果関係構造を検証する意味においても，<u>両成果を分断することなく，最終的には総合的に捉えるロジック</u>を備えていることが求められる。

第3の条件は，社会的成果を事業プロセスと製品・サービスの2領域に分け，なおかつ一般的社会成果（所得創造による貧困解消）と事業特殊な社会成果（当該製品・サービスに特有の社会的成果，例えばその事業が解消を目指しているミレニアム開発目標の特定ターゲットなど）をもれなく捕捉していることである。ここまでの3条件は評価手法の効果に関わる。

第4の条件は，評価の最終フェーズでは社会的成果が可能な限り定量的に表現されることである。特に多様な業種業界にわたる複数の事業を横断的に比較・評価し得る標準化された表現が重要になる。定量的な表現（例：就学児童

数の増分，雇用人数の増分，手洗い回数の増分，水汲みにかかる時間の短縮分など）にとどまらず，各利害関係者にどのようなインパクトがあったのかが，金銭的価値で評価されることが求められよう。また，あくまで定性的であって金銭的価値への換算が困難な評価項目に関しては犠牲にせざるを得ない。研究上かつ実務上の要請から，複数の異なる種類の事業活動の成果を横断的に比較することが不可避だからである。

第5の条件は，評価方法が十分に簡便であること。研究においては，限られた研究予算と人手の下で成果測定を行うのが現実である。また実務的見地からは，企業にとっても社会的成果の評価は一般に不慣れなものであり，外部へ委託するにせよ，自前で行うにせよ，あまりに複雑多岐にわたる評価項目と手法では，経営資源の効率的運用を妨げる。そればかりか，その煩雑さもしくはコスト高は，社会的成果を軽視させる恐れすらある。評価手法がその厳密さと包括性を追求するあまりに複雑化しすぎると，かえって評価自体が行われないなど，評価手法を開発する本来の意義が損なわれる恐れがある。

5-2．既存の評価手法

上記の条件を満たす評価手法を見出すため，これまでに国際機関，非営利セクター，研究者によって考案された数多くの評価手法の中から本研究の目的に沿って適用が可能と思われる手法を抽出し，その中から適切なものを選択的に組み合わせ，修正し，統合する。

本研究の問題意識と目的，研究の範囲でも指摘したように，事業やプロジェクトの社会的成果の評価手法はまさに百花繚乱で，それぞれの主体が様々な手法を組み合わせながら独自の評価を行っているのが実情である。こうした評価手法の多様性を裏付けるように，多数の社会性評価手法を整理して評価分類する文献が複数存在するほどである（Clark et al. 2004, Tuan 2008, Ashley et al. 2009, Chapple 2012等）。表1は，これらの文献をベースに，開発途上国における包括的ビジネスの成果（インパクト）評価に適用可能と思われる手法をリスト化したものである。その内訳は，開発途上国のビジネスを念頭に置いたもの

表1　開発途上国における営利事業の社会的・経済的インパクトの評価手法

名　称	提案者・組織（発表年）	合致する条件
1. Towards Triple Impact – Toolbox for analyzing sustainable ventures in developing countries	UNEP	1, 3, 4, 5
2. Measuring impact - framework	WBCSD	1, 4
3. Anglo-American socio-economic assessment toolbox（SEAT）	Anglo-American Corp.	1, 3, 4
4. Business Innovation Facility	UK Department for International Development	1, 5
5. BCtA indicators	BCtA based on Jane（2003）	1, 5
6. Oxfam Poverty Footprint: Understanding business contribution to development	Oxfam	1, 3
7. BOP Impact Assessment Framework – Making better investments at the base of the pyramid	London（2009）*Harvard Business Review*	1, 3
8. Development Outcome Tracking System（DOTS）	International Finance Corporation	1, 2, 4, 5
9. LGT Venture Philanthropy	LGT	1, 3, 4
10. Progress out of Poverty Index	Mark Schreiner, Microfinance Risk Management, L.L.C., commissioned by Grameen Foundation	4, 5
11. Acumen Fund Metrics including the Best Available Charitable Option（BACO）	Acumen Fund	1, 3, 4
12. Social Return Assessment	Pacific Community Ventures	1, 4
13. AtKisson Compass Assessment for Investors	AtKisson Inc.	1, 2, 3
14. Social Return On Investment（SROI）Methodology	REDF（2001）	1, 2, 4, 5

が11種類，それに限らず，様々な国や事業に応用可能なフレームワークが3種類，計14種類の評価手法である。

　これら14の評価手法を上記5つの条件を満たすか否かで評価したところ，すべての条件を満たす手法は存在しなかったが，条件を4つ満たしたものは3つあった。UNEPのTowards Triple Impact（条件1, 3, 4, 5），IFCのDOTS（条件1, 2, 4, 5），及びREDFのSROI Framework（条件1, 2, 4, 5）である（14の手法各々の内容・特徴，それらの各条件への適合評価の内容は，紙幅の都合により割愛せざるを得ない）。

　UNEP（国連環境プログラム）の手法であるTowards Triple Impactは，その評価内容は環境・社会・経済的成果をすべて含む包括的なものであるが，特に製品の事業ライフサイクル（原材料調達→生産→包装と流通→製品使用→製品廃棄→製品リサイクル→原材料調達へ戻って一周）の各プロセスごとにインパクト分析をしている点が他の手法にない優れた特徴である。だが，社会経済的インパクトを統合的に評価するロジックは持っていない。DOTSは主に6ポイントのリカートスケールを用いて定量化しているのが特徴的かつ効果的で簡便であるが，社会経済的成果項目のカバレッジに関しては他の2手法に及ばない。

　REDFのSROIアプローチ（REDF 2001）は，非営利組織に所属しつつ社会的ミッションを持った収益事業を評価するために策定された。その特徴は，14手法の中で唯一，融合価値（blended value）として社会的成果と経済的成果を統合する指標（Enterprise value ＋ Social purpose value － Long-term debt）を提示していることにある。この統合は基本的に，両者を金銭的価値に換算して合算し，長期負債額を差し引くという単純なものである。この単年度融合価値の将来予測に基づき，最終的には融合価値ベースの正味現在価値を算出し，当該事業の評価を行う。

　これらを複合すると，UNEPの事業ライフサイクルに沿った評価方法に，REDFの示す融合価値指標を組み合わせることにより，効果的かつ効率的に社会的成果，経済的成果，そして両者の統合的成果を金銭的に評価できると考えられる。

付言すれば，社会的成果と経済的成果を融合価値として合算して捉える際，その内訳である社会的成果と経済的成果の比率をどう理論的に解釈するか，という問題が生じる。例えば，ある会計年度における融合価値が同じく100である企業Cと企業Dがあり，企業Cは社会的成果が70，経済的成果が30で合計100，企業Dはその逆で30対70だったとする。この場合両社は，融合価値としては無差別であるが，それぞれ経済的観点からは企業Cが，社会的観点からは企業Dが相対的に優れている，ということになる。この状況をどのように解釈すればよいのだろうか。まず，既存の伝統的戦略理論の枠組みで捉えれば，企業C（経済70）がD（経済30）よりもその期中は優れたパフォーマンスであったと判定されるだろう。それで短期的な企業評価は完結する。しかしながら本来企業価値とは，短期キャッシュフローを縦軸とし，持続期間を横軸とする面積全体（積分した結果）を表すものである（三品 2004，2007）。とすれば，企業Cと企業Dの統合的成果を評価するに当たっては，伝統的戦略理論では無視されてきた本業における社会性投資が，経済的成果の(1)多寡と(2)持続性に対してどのような影響力を持っているかを明らかにする必要が出てくる。この影響力こそは，図3において示した「社会経済的収束能力」（社会的投資と経済的投資の間の相乗効果を高める能力）が包含するものである。つまり，本業における社会性投資が同事業の経済的成果にどのようなメカニズムで影響するかはいまだ明らかではなく，これこそはまさに今後に続く研究によって解明されるべき課題と言えよう。これが明らかになれば，両者の比率が異なる企業間の融合価値ベースの正味現在価値が，より企業横断的比較に適した指標になると考えられる。

6．グラミンダノンフーズ社の事例評価

本節では，前節で選択したUNEPとREDFの手法を統合し，グラミンダノンフーズ社の事例を実際に分析することにより，評価手法の有用性を確認する。

6-1. 事業概要（2009年7月の現地取材に基づく[9]）

　同社は，フランスの食品大手ダノン社がグラミン銀行と折半出資でバングラデシュのボグラに設立した栄養強化ヨーグルトの製造販売会社である。製品はショクティ・ドイ（エネルギー・力のあるヨーグルトの意）と名付けられ，通常のヨーグルトに加えてビタミンA，鉄，カルシウム，亜鉛，タンパク質，ヨウ素が強化され，1カップで，子どもが1日に必要な栄養素の約30％を摂取できる。農村部貧困層でも十分購入可能なパッケージ（60グラム6タカ，約7円）で販売している。同国農村部で深刻な栄養不良問題を解決し，現地に雇用機会を創出することをミッションとしている。

　この事業では，少なくとも事業継続に必要な利益水準を確保することが目標の1つとして掲げられている。当初は農村部での地産地消モデルとして始まったが，採算性の確保に迫られ，近年は首都ダッカの中間層・富裕層向けに80グラム12タカのパッケージも発売し，生産高・売上高ともに急伸している。2010年，ダッカ近郊に第2工場を稼働。2012年度単期黒字化を見込んでいる。ダノン社にとって同事業の戦略的意図は，社会課題解決を通じた企業イメージ向上のみならず，包括的市場での製造販売流通ノウハウを学習・蓄積し，それを10倍規模のインド農村市場へ展開する布石とすることにもある。

　社会課題解決の効果としては，製品そのものを通じて深刻な栄養不良問題の解決に資するとともに，事業プロセスにおいては工場（雇用者約30名），販売員（農村の婦人ら個人事業家約200名超，1名の月当たり収入約20ドル），原材料調達の現地化（相場価格より若干高く買い取り。近隣小規模酪農家1戸の週当たり収入約60ドル）を通じ，工場周辺の農村部に収入機会を創出している。

6-2. 事業の評価

　UNEPの事業プロセス型の評価手法に則って，筆者が2009年7月に訪問取材した際に得た情報をベースに，経済的成果と社会的成果の統合的評価を試み

---

[9] 取材内容の詳細は，岡田（2010）参照。

表2　グラミンダノンフーズ社のバリューチェーンに沿った社会的成果

	会社設立	研究開発	原料調達	製造	流通	販売活動
投資	7,500万taka（資本金）	$25M		5,000万taka（工場設備，減価償却10年）		
創出された価値			原材料費 250 farmers earn 20,000 taka/mo ＝ 5,000万taka/year	給与 50 employees earn 6,000 taka/mo ＝ 360万taka/year	配達料 50 bicycle Rikishaw riders earn 1,700 taka/mo ＝ 102万taka/year	小売マージン 125 GDF ladies earn 2,000 taka/mo ＝ 300万taka/year

5,762万taka/year

表3　グラミンダノンフーズの推定損益推移（取材情報に基づく推定）

（単位：Taka）

年　度	2009	2010	2011	2012
生産高 (ton)	500	1,500	4,500	6,000
生産高 (kg)	500,000	1,500,000	4,500,000	6,000,000
キロ当たり売上 (Taka)	83	83	83	83
正味売上高	41,550,000	124,500,000	373,500,000	498,000,000
operating cost	64,862,000	139,872,000	351,361,000	462,500,000
operating profit	－23,312,000	－15,372,000	22,139,000	35,500,000
売上高利益率％	－56.00％	－12.00％	6.00％	7.00％

る。まず，事業プロセスのバリューチェーンに沿って，投資と社会的成果を示すと，表2のようになる。例として，2009年度に創出した社会的成果の金銭的価値は，雇用と原材料購入を中心に5,762万タカ（1タカ≒1円）になる。

　一方経済成果を推定すると（表3），2009年時点ではいまだ黒字化しておらず，年度の営業損失は2,331万タカとなった。

　REDFの融合価値（blended value）に従えば，社会的成果と経済的成果を合算すればよく（長期負債はないものと仮定），結果として，5762－2331＝3431，

つまり同社は2009年度に3,431万タカの社会経済的融合価値（blended value）を創出したことになる。

　この段階では，ある１会計年度の融合価値を算出したにすぎないが，現実にはここからそれぞれの成果の将来予測を行い，融合価値の正味現在価値を計算することによって事業評価は完結する。この正味現在価値に基づいて，事業間比較や個別事業の継続可否判断が行われることになる。

6-3．評価の検証

　ここで用いた評価手法は，5-1で示した５つの条件をほぼ満たしている。たしかに外部者（研究者）が取材で入手可能な数値で各成果は十分計算可能であり，さらに内部者であれば，より簡便かつ正確に計算が可能であろう。

7．結論と限界

　本論は，包括的ビジネスという文脈の下，経済性追求投資が経済的成果を生み出すという基本的因果の中に閉じた伝統的戦略理論の限界を指摘するとともに，社会的成果と経済的成果を統合的に評価する新たな因果関係の重要性を示した。また社会的成果と経済的成果の相乗効果を高める企業能力（社会経済的収束能力）は，この新たな因果関係の中で重要な構成要素の一つである。

　この新たな因果関係を検証する上で，社会的成果と経済的成果を効果的かつ効率的に評価するため，UNEPとREDFの手法を複合的に組み合わせて修正した新たな手法を提案した。また実例を用いて，この手法を用いれば経済的成果と社会的成果を融合した定量的価値の算出が可能であることも示された。

　本研究はまさに萌芽的研究であり，当然ながら重大な限界が存在する。その１つは，開発途上国特有の事情（貧困が最大の社会課題）と簡便性の追求ゆえに，社会的成果をごく限定的に定義していることである。今回本論が提案した評価手法は，直接的利害関係者に生まれる所得増大効果による貧困解消を捕捉することはできるが，本来であれば評価対象にすべき他の個々の社会課題（衛

生，教育，母体保護等ミレニアム開発目標に掲げられる個別課題）の測定や，間接的に生じる乗数効果による外部効果の評価などは意図的に犠牲にしている。この点は，簡便性を担保しつつどこまで個別課題や外部効果の金銭的評価が可能なのか，今後も検証を継続する必要がある。

さらに，今回の評価手法の検証にあたっては，1例のみへの適用にとどまっており，今後さらに多数の実例によって評価手法の検証を行う必要がある。それにより，評価手法の効果，精度，効率をさらに高めていくことが求められる。

参考文献
Ashley, C., C. Schramm, and K. Ellis (2009) *Approaches to Assessing Business Impacts on Development*, Overseas Development Institute.
Barney, J. B. (1991) "Firm Resources and Sustained Competitive Advantage," *Journal of Management*, 17 (1): 99-120.
Barney, J. B. (1996) *Gaining and Sustaining Competitive Advantage*, Addison-Wesley : Reading, MA.
BCtA (2010) *Measuring Value of Business Call to Action Initiatives : A Results Reporting Framework*, The Business Call to Action: New York, NY.
Carroll, A. B. (1979) "A three-dimensional conceptual model of corporate performance," *Academy of Management Review*, 4 (4): 497-505.
Chapple, A. (2012) *Impact Assessment Tools for BOP and Other Types of Triple Bottom Line Investing : Review of available tools and their relevance for ADB's inclusive business initiative*, Background Paper for ADB's Inclusive Business Initiative.
Clark, C., W. Rosenzweig, D. Long, and S. Olsen (2004) *Double Bottom Line Project Report : Assessing social impact in double bottom line ventures*, The Rockefeller Foundation.
Clarkson M. B. E. (1995) "A stakeholder framework for analyzing and evaluating corporate social Performance," *Academy of Management Review*, 20 (1): 92-117.
Cochran, P. L. and R. A. Wood (1984) "Corporate social responsibility and financial performance," *Academy of Management Journal*, 27 (1): 42-56.
DiMaggio, P. J. and W. W. Powell (1983) "The Iron Cage Revisited : Institutional Isomorphism and Collective Rationality in Organizational Fields," *American Sociological Review*, 48 : 147-160.
Elkington, J. (1994) "Towards the Sustainable Corporation: Win-Win-Win Business Strategies for Sustainable Development," *California Management Review*, 36 (2): 90

-100.
Elkington, J. (1997) *Cannibals with Forks : The Triple Bottom Line of 21st Century Business*, Capstone.
Epstein, M. J. (2008) *Making Sustainability Work : Best practices in managing and measuring corporate social, environmental, and economic performance*, Greenleaf Publishing : Sheffield, UK.
Friedman, M. (1962) *Capitalism and Freedom*, University of Chicago Press : Chicago, IL.
Freeman, E. (1984) *Strategic Management : A Stakeholder Approach*, Pitman : Boston, MA.
GIIN (2011) *Data Driven : A Performance Analysis for the Impact Investing Industry, Global Impact Investing Network* : New York, NY.
Grameen Foundation (2012) *Piloting the PPI: A handbook for first-time users of the progress out of poverty index*, Grameen Foundation USA, November 2012.
GRI (2011) *Sustainability Reporting Guide Lines Global Reporting Initiative* : The Neatherlands.
Henriques, A. and J. Richardson eds. (2004) *The Triple Bottom Line, Does It All Add Up?: Assessing the Sustainability of Business and CSR*, Routledge.
Hillman A. J., G. D. Keim (2001) "Shareholder value, stakeholder management, and social issues : what's the bottom line?" *Strategic Management Journal*, 22 : 125-139.
Jensen, M. (2002) "Value Maximization, Stakeholder Theory, and the Corporate Objective Function," *Business Ethics Quarterly*, 12 (2), 235-56.
金井一賴 (1995)「地域の産業政策と地域企業の戦略」『組織科学』29（2）: 25-35。
金井一賴，腰塚弘久，田中康介，中西 昌，松木邦男，松元尚子，涌田幸宏 (1994)『21世紀の組織とミドル：ソシオダイナミクス型企業と社際企業家』産能大学総合研究所。
Lingane, A. and S. Olsen (2004) "Guidelines for Social Return on Investment," *California Management Review*, 46 (3) : 116-135.
Margolis, J. D. and J. P. Walsh (2003) "Misery loves companies : Rethinking social initiatives by business," *Administrative Science Quarterly*, 48 : 268-305.
三品和広 (2004)『戦略不全の論理―慢性的な低収益の病からどう抜け出すか』東洋経済新報社。
三品和広 (2007)『戦略不全の因果―1013社の明暗はどこで分かれたのか』東洋経済新報社。
Molteni, M. (2006) "The social-competitive innovation pyramid", *Corporate Governance*, 6 (4): 516-526.
岡田正大 (2010)「グラミン・ダノンフーズ（A）」慶應ビジネススクールケース。
岡田正大 (2012)「『包括的ビジネス・BOPビジネス』研究の潮流とその経営戦略研究における独自性について」『経営戦略研究』Vol. 12。
岡田正大 (2013)「開発途上国低所得層市場（BOP層市場）への参入における戦略的提携の

形成について」『慶應経営論集』30（1）: 1-39。
Porter, M. E. (1980) *Competitive Strategy*, Free Press, Glencoe, IL.
Porter, M. E. (1985) *Competitive Advantage*, Free Press, New York.
Porter, M. E. and M. R. Kramer (2002) "The Competitive Advantage of Corporate Philanthropy," *Harvard Business Review*, December 2002, Reprint R0212D : 5-16.
Porter, M. E. and M. R. Kramer (2006) "Strategy & society : the link between competitive advantage and corporate social responsibility," *Harvard Business Review*, December 2006 : 1-13.
Porter, M. E. and M. R. Kramer (2011) "Creating Shared Value : How to reinvent capitalism – and unleash a wave of innovation and growth," *Harvard Business Review*, Jan.-Feb., Reprint R1101C : 2-17.
REDF (2001) Social Return on Investment (SROI) Methodology.
Savitz, A. W. (2006) *The Triple Bottom Line : How Today's Best-Run Companies Are Achieving Economic, Social and Environmental Success – and How You Can Too*, Wiley.
Scholten, P., J. Nicholls, S. Olsen, B. Galimidi (2006) *Social Return on Investment : A Guide to SROI Analysis*, Lenthe Publishers.
塩澤修平（1991）「公益活動と企業の社会的役割」『フィナンシャル・レビュー』大蔵省財政金融研究, November 1991 : 1-18.
Shiozawa, S (1995) "Philanthropy as a Corporate Strategy," *Japanese Economic Review*, 46 (4): 367-382.
Slaper, T. F. "The Triple Bottom Line : What is it and how does it work?", *Indiana Business Review*, Spring 2011 : 4-8.
Stephen, B., A. Millington (2008), "Does it pay to be different? An analysis of the relationship between corporate social and financial performance," *Strategic Management Journal*, 29 : 1325-1343.
Surroca, J., J.A. Tribo, and S. Waddock (2009) "Corporate responsibility and financial performance: the role of intangible resources," *Strategic Management Journal*, 31 : 463-490.
谷本寛治（1987）『企業権力の社会的制御』千倉書房。
谷本寛治（1993）『企業社会システム論』千倉書房。
谷本寛治（2002）『企業社会のリコンストラクション』千倉書房。
Tocqueville, A. (1851) Democracy in America, A. S. Barnes & Co. :New York, NY.
Tuan, M. T. (2008) *Measuring and/or Estimating Social Value Creation : Insights into eight integrated cost approaches*, Bill & Melinda Gates Foundation Impact Planning and Improvement.
UNEP (2009) *Towards Triple Impact : Toolbox for Analysing Sustainable Ventures in*

Developing Countries, United Nations Environment Programme.
WCED (1987) *Our Common Future*, A/42/427 June 1987, Geneva, Switzerland.

【企業と社会シリーズ2】

持続可能な発展とイノベーション

2013年9月1日　発行

編　者　企業と社会フォーラム

発行者　千倉成示

発行所　株式会社 千倉書房
　　　　〒104-0031　東京都中央区京橋2-4-12
　　　　Tel 03-3273-3931　Fax 03-3273-7668
　　　　http://www.chikura.co.jp/

印　刷　シナノ書籍印刷

製　本　井上製本所

JCLS 〈(社)日本著作出版権管理システム委託出版物〉
本書のコピー，スキャン，デジタル化など無断複写は著作権法上での例外を除き禁じられています。複写される場合は，そのつど事前に（社）出版者著作権管理機構（電話 03-3513-6969，FAX 03-3513-6979，e‐mail：info@jcopy.or.jp）の許諾を得てください。また，本書を代行業者などの第三者に依頼してスキャンやデジタル化することは，たとえ個人や家庭内での利用であっても一切認められておりません。

ISBN978-4-8051-1023-2